Les départements français

01 AIN
02 AISNE
03 ALLIER
04 ALPES-DE-HAUTE-PROVENCE
05 HAUTES-ALPES
06 ALPES-MARITIMES
07 ARDÈCHE
08 ARDENNES
09 ARIÈGE
10 AUBE
11 AUDE
12 AVEYRON
13 BOUCHES-DU-RHÔNE
14 CALVADOS
15 CANTAL
16 CHARENTE
17 CHARENTE-MARITIME
18 CHER
19 CORRÈZE
2A CORSE-DU-SUD
2B HAUTE-CORSE
21 CÔTE-D'OR
22 CÔTES-D'ARMOR
23 CREUSE
24 DORDOGNE
25 DOUBS
26 DRÔME
27 EURE
28 EURE-ET-LOIR
29 FINITSTÈRE
30 GARD
31 HAUTE-GARONNE
32 GERS
33 GIRONDE
34 HÉRAULT
35 ILLE-ET-VILAINE
36 INDRE
37 INDRE-ET-LOIRE
38 ISÈRE
39 JURA
40 LANDES
41 LOIR-ET-CHER
42 LOIRE
43 HAUTE-LOIRE
44 LOIRE-ATLANTIQUE
45 LOIRET
46 LOT
47 LOT-ET-GARONNE

48 LOZÈRE
49 MAINE-ET-LOIRE
50 MANCHE
51 MARNE
52 HAUTE-MARNE
53 MAYENNE
54 MEURTHE-ET-MOSELLE
55 MEUSE
56 MORBIHAN
57 MOSELLE
58 NIÈVRE

...QUES
...HAUTES-PYRÉNÉES
66 PYRÉNÉES-ORIENTALES
67 BAS-RHIN
68 HAUT-RHIN
69 RHÔNE
70 HAUTE-SAÔNE
71 SAÔNE-ET-LOIRE
72 SARTHE
73 SAVOIE
74 HAUTE-SAVOIE
75 VILLE DE PARIS
76 SEINE-MARITIME
77 SEINE-ET-MARNE
78 YVELINES
79 DEUX-SÈVRES
80 SOMME
81 TARN
82 TARN-ET-GARONNE
83 VAR
84 VAUCLUSE
85 VENDÉE
86 VIENNE
87 HAUTE-VIENNE
88 VOSGES
89 YONNE
90 TERRITOIRE DE BELFORT
91 ESSONNE
92 HAUTS-DE-SEINE
93 SEINE-ST-DENIS
94 VAL-DE-MARNE
95 VAL-D'OISE
2A CORSE-DU-SUD
2B HAUTE-CORSE

Départements d'outre-mer

GUADELOUPE
MARTINIQUE
GUYANE
RÉUNION

**Centre Franco-Japonais -
Alliance Française
d'Osaka**

Sylvie **FUJIHIRA**
Jean **LAMARE**
MIYAZAKI Yuri
NAGASHIMA Ritsuko
YOKOYAMA Osamu

Mini De Concert

Editions Asahi

はじめに

　《De Concert 1》が朝日出版社から出版されたのは1991年のことです。翌年 《De Concert 2》 が出版されました。この2冊の教科書は，もともと大阪日仏センターの授業のために制作したものですが，大学でも多くの先生方に採用していただきました。本書は，今回 《De Concert》 の改訂版を作るにあたって，とりわけ大学での使用を中心に考え，1冊目と2冊目の3課までを1冊にまとめて編集したものです。名前は 《Mini De Concert》 ですが， 《De Concert 1》 と較べてもページ数は少し増えているし，練習問題もより多種多彩です。それにもかかわらず何故 《Mini-》 かと言うと， 《De Concert 1》 の20課＋3課に対して本書は12課で構成されており，要するに，全体の課の数が約半分になっているからです。この点も含めて，大学での使用について改訂のメリットをあげると，

　　1）全体が12課なので，1年間の大学の授業数が25回ぐらいとすれば，2回で1課の
　　　　ペースで進められる。

　　2）《Mini De Concert》 では，《De Concert 1》 の 《Guide Pédagogique》 の練
　　　　習問題を多く取り入れ，かなりの練習が自宅で行えるようになっている。

　　3）《De Concert 1》 にはない半過去形をのせることによって，学習文法事項にあ
　　　　るまとまりを持たせた。

以上の点から，大学の1年間の授業，場合によっては半年間の授業に適応すると考え 《Mini-》 と名づけました。 ただ，テキストはあくまでも材料にすぎません。先生方の好み，授業環境にあわせて，どのように使っていただいてもよいと思います。

　《De Concert》 は1冊目の出版から7年近くが経っています。現在の私たちの議論はますます actes de communication を中心にとらえた方法に向かっていますが，《De Concert》 はその出発点となった教材です。さらに，その名のごとく，《De Concert》 は日本人とフランス人の共同作業の実現でもあります。私たちにとって共同作業は単なる手段ではありません。それ自体が目的であり，それは日本⇄フランスにとどまらず，学習者⇄教師，出版社⇄著者，等々，あらゆる方向（tous azimuts）に発せられた，大阪日仏センターのメッセージであり，存在意義でもあります。

　今回の改訂では，《De Concert 1,2》 制作の際と同様，大阪日仏センターの同僚・友人の助言・協力を得ました。とりわけ，録音に参加してくれた Olivier Biremann, Sylvain Cardonnel, Adriana Rico, Frédérique Takahashi に感謝します。

1997年9月
著者

　2001年4月1日，大阪日仏センターはアリアンス・フランセーズ・大阪と合併し，「大阪日仏センター＝アリアンス・フランセーズ」となりましたので，本書の著者名も新団体の名称に変更します。また，2002年1月1日のフランからユーロへの移行にともない，今回すべてユーロ表記に改めました。（2002年9月）

MINI DE CONCERT
Table descriptive

MINI DE CONCERT　付録 CD INDEX

印は録音のあるところを示します。
吹き込み者 : Olivier Birmann
　　　　　　　Sylvain Cardonnel
　　　　　　　Adriana Rico
　　　　　　　Frédérique Takahashi
本書には教室用にカセットテープを用意しています。

Mini De Concert

leçon 1 *Bonjour!*

Pierre:	Salut! Ça va?
Jacques:	Ça va. Et toi?
Pierre:	Pas mal.
Jacques:	Voici Caroline,
	une amie.
	Caroline, c'est Pierre, un collègue.
Caroline:	Bonjour.
Pierre:	Bonjour Caroline.

M. Lescot:	Bonsoir, Madame. Comment allez-vous?
Mme Dupont:	Comme ci comme ça. Et vous?
M. Lescot:	Je vais bien, merci. Au revoir, Madame.
Mme Dupont:	Au revoir, Monsieur.

I. saluer / prendre congé 出会いのあいさつ / 別れのあいさつ

Bonjour	Madame (Dupont).	Salut (Caroline).
Bonsoir	Mademoiselle (Dupont).	
	Monsieur (Dupont).	
	Caroline.	

Comment allez-vous?	Très bien (merci).	Et vous?
Vous allez bien?	Je vais bien (merci).	Et toi?
Ça va?	Ça va (bien).	
Comment vas-tu?	Pas mal.	
Tu vas bien?	(Comme ci) comme ça.	

Au revoir	Madame (Dupont).	Salut (Caroline).
Bonsoir	Mademoiselle (Dupont).	
	Monsieur (Dupont).	
	Caroline.	

II. alphabet アルファベット

exercice 1 : Ecoutez et répétez. 【テープを聞いて繰り返してください】

A B C D E F G H I J K L M N O P Q R S T U V W X Y Z

exercice 2 : Ecoutez et écrivez les sigles. 【聞こえたアルファベットを書いてください】

1. ＿＿＿＿＿＿＿ （フランス新幹線）　　2. ＿＿＿＿＿＿ （フランス国有鉄道）

3. ＿＿＿＿＿＿＿ （首都圏高速交通網）　　4. ＿＿＿＿＿＿ （パリ交通公団）

5. ＿＿＿＿＿＿＿ （フランス電力公社）　　6. ＿＿＿＿＿＿ （フランスガス公社）

7. ＿＿＿＿＿＿＿ （ヨーロッパ連合）　　8. ＿＿＿＿＿＿

III. nombres (0-10) 数 (0−10)

exercice 3 : Ecoutez et répétez. 【テープを聞いて繰り返してください】

0 zéro	1 un/une	2 deux
3 trois	4 quatre	5 cinq
6 six	7 sept	8 huit
9 neuf	10 dix	

exercice 4 : Dites tous les nombres pairs jusqu'à 10. 【偶数を10まで言ってください】

exercice 5 : Dites tous les nombres impairs jusqu'à 9. 【奇数を9まで言ってください】

IV. masculin / féminin　男性 / 女性

フランス語の名詞は，人や動物に限らず，物，抽象観念に至るまで，すべて男性名詞と女性名詞に分かれています。それに伴い冠詞，形容詞も男性形，女性形に変化します。

V. articles indéfinis　不定冠詞

単数		複数
男性	女性	
un copain	**une** copine	**des** copains / copines
un ami	**une** amie	**des** amis / amies
un collègue	**une** collègue	**des** collègues
un voisin	**une** voisine	**des** voisins / voisines

exercice 6 : Présentez ces personnes en utilisant le vocabulaire donné ci-dessus.
　　　　　　　【上の囲みの語を使って下の人物を紹介してください】

① M. Dupont

exemple : Voici M. Dupont, un collègue.
M. Dupont, c'est Clémentine.

② Olivier　　③ Mme Barreau　　④ Clémentine　　⑤ Mlle Leroy

⑥ Edouard　　⑦ M. Tanaka　　⑧ Bernadette Blanc　　⑨ Françoise

exercice 7 : Répondez comme dans l'exemple.　　【例にならって答えてください】

　　exemple : ── Qui est-ce? ☞ ①
　　　　　　　── C'est M. Dupont, un collègue.

exercice 8 : Ecoutez la cassette et mettez «un» ou «une».
【テープを聴いて，カッコ内に un / une いずれかを入れてください】

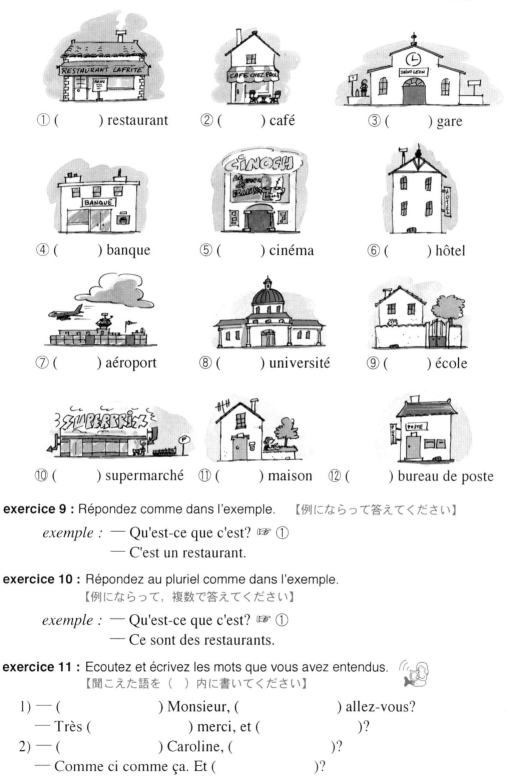

① (   ) restaurant   ② (   ) café   ③ (   ) gare

④ (   ) banque   ⑤ (   ) cinéma   ⑥ (   ) hôtel

⑦ (   ) aéroport   ⑧ (   ) université   ⑨ (   ) école

⑩ (   ) supermarché   ⑪ (   ) maison   ⑫ (   ) bureau de poste

exercice 9 : Répondez comme dans l'exemple. 【例にならって答えてください】

exemple : — Qu'est-ce que c'est? ☞ ①
           — C'est un restaurant.

exercice 10 : Répondez au pluriel comme dans l'exemple.
【例にならって，複数で答えてください】

exemple : — Qu'est-ce que c'est? ☞ ①
           — Ce sont des restaurants.

exercice 11 : Ecoutez et écrivez les mots que vous avez entendus.
【聞こえた語を（ ）内に書いてください】

1) — (   ) Monsieur, (   ) allez-vous?
    — Très (   ) merci, et (   )?
2) — (   ) Caroline, (   )?
    — Comme ci comme ça. Et (   )?

leçon 1

leçon 2 *Un jeu télévisé*

le présentateur:	Bonjour... Madame? Mademoiselle?
Mme Roche:	Madame.
le présentateur:	Et vous vous appelez comment? Madame...
Mme Roche:	Roche.
le présentateur:	Votre prénom?
Mme Roche:	Maï.
le présentateur:	Votre nationalité?
Mme Roche:	Je suis japonaise.
le présentateur:	Vous habitez à Paris?
Mme Roche:	Oui, à Montparnasse.
le présentateur:	Qu'est-ce que vous faites? Vous travaillez?
Mme Roche:	Non, je ne travaille pas, je suis étudiante.
le présentateur:	Bon, vous êtes prête? On y va. Regardez bien, Maï. Qui est-ce?

I. professions 職業

médecin   secrétaire   professeur   journaliste
étudiant*(e)*   employé *(e)* de bureau   musicien*(ne)*   cuisini *er(ère)*
chant *eur(euse)*   sporti *f(ve)* professionnel*(le)*   ac *teur(trice)*

II. nationalités 国籍

belge	suisse	britannique	japonais*(e)*
français*(e)*	allemand *(e)*	espagnol *(e)*	chinois*(e)*
américain *(e)*	coréen *(ne)*	italien *(ne)*	canadien *(ne)*

exercice 1 : Qui est-ce?

III. nombres (11-20) 数 (11—20)

exercice 2 : Ecoutez et répétez.　【テープを聞いて繰り返してください】

11 onze	12 douze	13 treize
14 quatorze	15 quinze	16 seize
17 dix-sept	18 dix-huit	19 dix-neuf
20 vingt		

exercice 3 : Ecoutez la cassette et faites l'addition.
　　　　　　【テープを聞いて足し算をしてください】

_____　_____　_____　_____

_____　_____　_____　_____

IV. pronoms personnels sujets 人称代名詞・主語

	単数	複数
1人称	je	nous
2人称	tu	vous
3人称	il / elle	ils* / elles

* 男性が一人でも含まれていれば ils になります。

François et Françoise sont français.

⇒ Ils sont français.

V. verbes : infinitif et conjugaison 動詞：不定法と活用

フランス語の動詞は主語などによって形を変えます。辞書の見出しには原形（不定法）で出ています。この不定法の語尾の形で動詞を分類してみると次のようになります。ちなみに9割以上の動詞が -er を語尾にとります。

-er	regarder, habiter (-er 型規則動詞)；aller
-ir	finir, choisir (finir 型規則動詞)；partir
-re	être, faire, écrire, prendre
-oir	avoir, voir

-er 型規則動詞の活用

	単数	複数
1人称	je regard**e**	nous regard**ons**
2人称	tu regard**es**	vous regard**ez**
3人称	il / elle regard**e**	ils / elles regard**ent**

［語尾の発音］

[ɔ̃]
[e]

発音しない

être の活用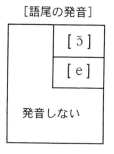

	単数	複数
1人称	je suis	nous sommes
2人称	tu es	vous êtes
3人称	il / elle est	ils / elles sont

exercice 4 : Répondez aux questions comme dans l'exemple.
【例にならって問いに答えてください】

Nom: Pradot
Prénom: Thierry
Nationalité: française
Profession: étudiant
Situation de famille: marié(e) ☐   célibataire ☒
Adresse: 15, boulevard Saint Michel, Paris

Qui est-ce?	C'est Thierry Pradot.
Il est de quelle nationalité?	Il est français.
Qu'est-ce qu'il fait?	Il est étudiant.
Il est marié?	Non, il est célibataire.
Où est-ce qu'il habite?	Il habite à Paris.

Nom: Léonard
Prénom: Sabine
Nationalité: française
Profession: employée de bureau
Situation de famille: marié(e) ☐   célibataire ☒
Adresse: 11, avenue Notre-Dame, Bordeaux

Qui est-ce?
Elle est de quelle nationalité?
Qu'est-ce qu'elle fait?
Elle est mariée?
Où est-ce qu'elle habite?

Nom: Nakamura
Prénom: Keisuke
Nationalité: japonaise
Profession: professeur
Situation de famille: marié(e) ☒   célibataire ☐
Adresse: 14, rue de Rivoli, Lyon

Qui est-ce?
Il est de quelle nationalité?
Qu'est-ce qu'il fait?
Il est marié?
Où est-ce qu'il habite?

exercice 5 : Complétez les phrases avec les verbes entre parenthèses.
【カッコ内の動詞を活用して完全な文にしてください】

exemple: Il (travailler) à Paris. → *Il travaille à Paris.*

1) Nous (être) américains.
2) Ils (travailler) à Montmartre.
3) Je (habiter) à Lyon.
4) Qu'est-ce que vous faites? Vous (être) étudiante?
5) Où est-ce que tu (habiter) ?
6) Oui, elle (être) mariée.
7) Non, je (être) italienne.
8) Nous (habiter) à Bordeaux.
9) Vous êtes professeur? Où est-ce que vous (travailler) ?
10) Tu (être) marié?

exercice 6 : Complétez les phrases. 【適当な語を入れてください】

exemple: (　　　　　) est étudiant. → (　　*Il*　　) est étudiant.

1) (　　　　　) travaille à Lyon?
2) (　　　　　) habitons à Bordeaux.
3) (　　　　　) es marié?
4) Vous vous appelez (　　　　　)?
5) — (　　　　　) est-ce?
　　— C'est (　　　　　) amie.
6) Je suis (　　　　　).
7) — (　　　　　) allez-vous?
　　— Bien, merci.
8) (　　　　　) est-ce qu'il fait?
9) (　　　　　) habitez à Toulouse?
10) (　　　　　) est-ce qu'elle habite?

exercice 7 : Trouvez une question. 【次の文が答になるような問いを考えてください】

exemple: Je suis musicien. → *Qu'est-ce que vous faites?*

1) Elle habite à Kobe.
2) Non, elles sont ingénieurs.
3) Oui, je suis marié.
4) Il travaille à Rennes.
5) C'est Alain Delon.
6) C'est un restaurant.
7) Akiko Nakata.
8) Nous habitons à Versailles.
9) Oui, je suis médecin.
10) Non, à Lyon.

exercice 8 : Répondez comme dans l'exemple.　【例にならって答えてください】

　　　exemple:　Aude travaille à Paris. Et Paul? (Lyon) → *Il travaille à Lyon.*

　　1) Thierry est étudiant. Et Sabine? (employée de bureau)

　　2) Je m'appelle Maï. Et vous?

　　3) Il habite à Paris. Et vous?

　　4) Nous sommes étudiantes. Et Paul et Françoise? (cuisiniers)

　　5) Vous êtes cuisinières. Et Marie et Jeanne? (musiciennes)

　　6) Je suis japonaise. Et John? (américain)

　　7) Tu es dentiste. Et Clémentine? (médecin)

　　8) C'est Gilles. Et elle? (Louise)

　　9) Tu es allemand. Et Barbara? (britannique)

　　10) Nous travaillons à Lyon. Et Olivier? (Bordeaux)

VI. négation　否定文

　　　Je suis étudiant.　⇒　Je **ne** suis **pas** étudiant.
　　　J'habite à Paris.　⇒　Je **n'**habite **pas** à Paris.
　　　C'est une amie.　⇒　Ce **n'**est **pas** une amie.

exercice 9 : Répondez négativement aux questions.　【否定文で答えてください】

　　　exemple:　Georges est français? → *Non, il n'est pas français.*

　　1) C'est Monsieur Roche?　　　　　2) Tu es suisse?

　　3) Elles travaillent à Marseille?　　4) Vous vous appelez Edouard?

　　5) Auguste habite à Paris?　　　　6) Vous êtes actrice?

　　7) Elle est américaine?　　　　　8) Bernadette est mariée?

　　9) Mademoiselle Legrand est journaliste?　　10) Vous êtes italienne?

exercice 10 : Ecoutez la cassette et complétez le tableau.　
　　　　　　　　【テープを聞いて，下の表を埋めてください】

prénom	profession	nationalité
Pierre		
Auguste		
Madame Colonna		

　　　　　　　　　leçon 2

leçon 3 *Au téléphone*

Mme Baye: Allô?

M. Lamare: Allô, bonjour Madame. Je suis bien chez Madame Parisot?

Mme Baye: Ah, non! C'est une erreur.

M. Lamare: Ah, bon? Ce n'est pas le 04-07-18-10-13?

Mme Baye: Non, ici, c'est le 04-07-18-10-16!

M. Lamare: Ah, excusez-moi!

Mme Baye: Je vous en prie.

Catherine: Allô?

Marie: Allô, c'est toi, Catherine?

Catherine: Oui, qui est à l'appareil?

Marie: C'est moi, Marie. Je vais à la bibliothèque de l'université. Tu viens?

Catherine: Hmmm...

Marie: Je suis avec Paul.

Catherine: Ah, j'arrive tout de suite!

I. nombres (20-69)　数 (20−69)

exercice 1 : Ecoutez et répétez.
【テープを聞いて繰り返してください】

20 vingt	21 vingt et un	22 vingt-deux
30 trente	31 trente et un	40 quarante
50 cinquante	60 soixante	69 soixante-neuf

exercice 2 : Ajoutez toujours 5.
【次の数字に 5 を加えていってください】

exemple: 14 → 19 → 24 → 29... → 69

1) 13 →　　　　　2) 11 →　　　　　3) 10 →　　　　　4) 12 →

II. téléphoner　電話をかける

Allô?	Ici, Caroline Delvaux.
Qui est à l'appareil?	(C'est) (moi,) Caroline (Delvaux).
Je suis bien chez Mme Leblanc?	C'est une erreur.
Mme Parisot, s'il vous plaît.	Un instant (, s'il vous plaît).

III. pronoms personnels disjoints　人称代名詞自立形（強勢形）

	単数	複数
1人称	moi	nous
2人称	toi	vous
3人称	lui	eux*
	elle	elles

* 男性が一人でも含まれていれば eux になります。

IV. verbes : aller, venir

 aller の活用

	単数	複数
1人称	je vais	nous allons
2人称	tu vas	vous allez
3人称	il elle va	ils elles vont

 venir の活用

	単数	複数
1人称	je viens	nous venons
2人称	tu viens	vous venez
3人称	il elle vient	ils elles viennent

leçon 3

V. articles définis 定冠詞

	男性・単数	女性・単数	複数	
	le	la	les	＋子音で始まる名詞
	l'			＋母音で始まる名詞

exemples: le café, la banque, l'hôtel, l'école, les cafés, les banques, les écoles

à + articles définis 定冠詞の縮約（1）

	男性・単数	女性・単数	複数	
	au	à la	aux	＋子音で始まる名詞
	à l'			＋母音で始まる名詞

exemples: aller au café / à la banque / à l'école / aux toilettes

de + articles définis 定冠詞の縮約（2）

	男性・単数	女性・単数	複数	
	du	de la	des	＋子音で始まる名詞
	de l'			＋母音で始まる名詞

exemples: la porte du café / de la banque / de l'école / des toilettes

exercice 3 : Complétez les phrases avec les verbes entre parenthèses.
【カッコ内の動詞を活用し，文を完成させてください】

exemple: Nous (être) américains. → *Nous sommes américains.*

1) Ils (travailler) à Rennes.
2) Vous (écouter) la radio?
3) Nous (recopier) la phrase.
4) Ils (écouter) le dialogue.
5) Je (habiter) à Lyon.
6) Vous (répéter) le dialogue.
7) Elles (habiter) à Dijon.

exercice 4 : Mettez le pronom disjoint.

【下線部に適当な人称代名詞自立形を入れてください】

exemple: Et _____, comment allez-vous?

→ *Et vous* , comment allez-vous?

1) Pierre téléphone à Akiko, mais elle n'est pas chez _____.

2) Il habite avec _____. (Philippe et Yves を代名詞で)

3) Je travaille avec _____. (「君」の意味で)

4) Elles ne viennent pas au café avec _____. (Paul et moi)

5) Nous allons à Paris avec _____. (Marie et toi)

6) — C'est _____, Thierry?

— Oui, c'est _____.

7) _____, il est journaliste!

8) Et _____, comment vont-ils?

exercice 5 : Complétez les phrases avec «à» et les mots entre parenthèses.

【«à» とカッコ内の語を使って完全な文にしてください】

exemple: Je suis _____. (Paris) → Je suis *à Paris* .

1) Il va _____. (les Champs-Elysées)

2) Nous travaillons _____. (la librairie Gibert Jeune)

3) Vous allez _____? (le théâtre)

4) Elles habitent _____. (l'hôtel)

5) Nous allons _____. (le cinéma)

6) Ils travaillent _____. (le bar «Loïc»)

7) Tu habites _____? (New York)

8) Je vais _____. (les toilettes)

9) Elle est _____? (l'école)

10) Tu vas _____? (la bibliothèque)

exercice 6 : Complétez avec du, de la, de l', des, de ou d'.

【下線部に du, de la, de l', des, de, d' のどれかを入れてください】

exemple: Voici l'adresse _____ banque.

→ Voici l'adresse *de la* banque.

1) C'est la sœur _____ Aude.

2) On va à la cafétéria _____ université?

3) C'est le cuisinier _____ restaurant «La Cloche».

4) Voici les professeurs _____ école _____ Paul.

5) Le nom _____ médecin _____ Papa, c'est Dupont.

6) C'est l'amie _____ voisins.

7) Voici l'adresse _____ secrétaire.

8) Voici l'avenue _____ Champs-Elysées.

exercice 7 : Mettez les phrases à la forme négative.
【否定文にしてください】

> *exemple:* Il travaille à Paris. → *Il ne travaille pas à Paris.*

1) Nous habitons chez Mme Parisot.
2) Tu vas à Tokyo?
3) C'est Paul.
4) Vous êtes employé de banque?
5) Ça va.
6) Ils arrivent aujourd'hui.
7) Je m'appelle Aude.
8) Elles viennent chez nous.

exercice 8 : Cherchez un verbe.
【（　）内に適当な動詞を入れてください】

> *exemple:* Il (　　　　) à Paris. → Il (*travaille / habite / ...*) à Paris.

1) Tu (　　　　) à Osaka?
2) Je (　　　　) Maï Roche.
3) Vous (　　　　) au café?
4) Je (　　　　) tout de suite.
5) Nous (　　　　) étudiants.
6) Comment (　　　　)-vous?
7) Ils (　　　　) à Marseille.
8) Marc (　　　　) avec Pierre.

exercice 9 : Trouvez une question.
【次の文が答になるような問いを考えてください】

> *exemple:* Il habite à Tokyo. → *Où est-ce qu'il habite?*

1) Non, je suis journaliste.
2) Ça va, et toi?
3) C'est moi, Sylvie.
4) Je vais à la banque.
5) Sabine Léonard.
6) Je suis à la bibliothèque.
7) Oui, à Montmartre.
8) Oui, je suis prête.
9) Très bien, merci.
10) C'est Monsieur Leblanc.

sons et orthographe 1

発音と綴り字1

1. 語末の子音字：一般に語末の子音字は発音しません。

> pas, vous, salut, et, est, comment

☞ ただし，短い単語は発音することも多い（c, f, l, r はしばしば発音する）

> bonjour, avec

2. 語末の e：語末のアクセント記号のついていない «e» は発音しません。

> amie, comme, Madame

3. h は発音しません。　hôtel, habiter, Catherine

4. liaison リエゾン，enchaînement アンシェヌマン，élision エリジヨン：
   1) 直後に母音で始まる語がくるとき，ふつう発音しない語末の子音字を発音することがあります。これをリエゾンと言います。その際，子音字の発音が変わることがあります。

   > Comment _allez-vous?
   >
   > des _enfants, un _ami, grand _arbre

   2) ふだんも発音する語末の子音字と次の母音を続けて発音する現象をアンシェヌマンと言います。

   > une⌢école, il⌢aime le vin, elle⌢a un enfant

   3) 次の語は，語末の母音字が省略されて直後の語につきます。これをエリジヨンと言います。
   le, la, ce, de, ne, que, lorsque, puisque, je, me, te, se, si（次に il, ils がくる場合だけ）

   > l∅ étudiant → l'étudiant
   >
   > je t∅ aime → je t'aime
   >
   > s∅ il vous plaît → s'il vous plaît

5. h aspiré et h muet　有音の «h» と無音の «h»：
   どちらも発音しませんが，有音の «h» は子音として扱われ，前の語との間でリエゾン，アンシェヌマン，エリジヨンをしません。無音の «h» は母音と同様に扱われます。

   > un héros, le héros, une haie, je te hais...
   >
   > les _hommes, l'hôtel, une horreur, j'habite à Kyoto...

6. 単母音字：
   1) 以下の母音字は単独の場合，アルファベットの読み方通り発音します。

a, à, â	[a]	Madame, à Paris, pâté
i, î	[i]	ici, île
u, û	[y]	tu, sûr
o, ô	[o]	poste, hôpital

   2)

y	[i]	Sylvie
é, è, ê	[e / ɛ]	étudiant, très, prêt

leçon 3

leçon 4 *Au café*

Le garçon:	Bonjour. Qu'est-ce que vous prenez?
Pierre:	Moi, je prends un demi et un sandwich au jambon : j'ai faim.
Georgette:	Une limonade, s'il vous plaît.
Le garçon:	Un demi, une limonade et un sandwich au jambon, bien.
Pierre:	Tiens! Tu aimes la limonade?
Georgette:	Je préfère le café, mais aujourd'hui, j'ai chaud...
Le garçon:	Voilà.
Pierre:	Merci. Ça fait combien?
Le garçon:	11,20 euros, s'il vous plaît.

I. verbes : aimer, préférer

aimer の活用 　　　　　　　　**préférer** の活用

	単数	複数
1 人称	j' aime	nous aimons
2 人称	tu aimes	vous aimez
3 人称	il / elle aime	ils / elles aiment

	単数	複数
1 人称	je préfère	nous préférons
2 人称	tu préfères	vous préférez
3 人称	il / elle préfère	ils / elles préfèrent

J'adore	le café.
J'aime beaucoup	le thé.
J'aime	le jus d'orange / de tomate.
Je n'aime pas beaucoup	le coca-cola.
Je n'aime pas	l'orangina.
Je déteste	la limonade.
	la bière.

II. verbes : avoir, prendre

avoir の活用　　　　　　　　**prendre** の活用

	単数	複数
1 人称	j' ai	nous avons
2 人称	tu as	vous avez
3 人称	il / elle a	ils / elles ont

	単数	複数
1 人称	je prends	nous prenons
2 人称	tu prends	vous prenez
3 人称	il / elle prend	ils / elles prennent

J'ai faim.　　J'ai soif.　　J'ai chaud.　　J'ai froid.　　J'ai sommeil.

III. nombres (60-1000)　数（60−1000）

exercice 1 : Ecoutez et répétez.
【テープを聞いて繰り返してください】

60 soixante	70 soixante-dix
71 soixante et onze	72 soixante-douze
80 quatre-vingt**s**	81 quatre-vingt-un
82 quatre-vingt-deux	90 quatre-vingt-dix
91 quatre-vingt-onze	100 cent
101 cent un	200 deux cent**s**
201 deux cent un	1000 mille

exercice 2 : Mettez un pronom sujet.
【下線部に適当な人称代名詞を書いてください】

exemple: _____ suis cuisinière. → *Je suis cuisinière.*

1) _____ allons au café?
2) _____ habitez où?
3) _____ viens tout de suite?
4) _____ ont un restaurant.
5) _____ prends une glace.
6) _____ vas à la gare?
7) _____ travaillent avec Marie.
8) _____ ai chaud.
9) _____ venez?
10) _____ sont chanteurs.

exercice 3 : Mettez l'article.
【下線部に適当な冠詞を書いてください】

exemple: Je suis à _____ bibliothèque de l'université.
→ Je suis _à la_ bibliothèque de l'université.

1) Regarde! C'est _____ sœur de Thierry.
2) C'est _____ amie, elle est étudiante.
3) Vous êtes _____ médecin de M. Dupont?
4) Tu prends _____ thé au lait?
5) Elles aiment _____ pizza, mais elles prennent _____ sandwichs.
6) Nous allons à _____ gare.
7) _____ parents de Caroline travaillent à Paris.
8) J'ai _____ frère et _____ sœur.
9) Oui, nous avons _____ amis au Japon.
10) Ils arrivent à _____ aéroport d'Orly?

exercice 4 : Ecoutez la cassette et complétez.
【テープを聞いて，下の表を埋めてください】

	il / elle aime	il / elle préfère
Barbara		
Louise		
Gilles		
Marcel		

le sport   le tennis   la natation   le base-ball

le football   le basket   la télé   la marche

la musique classique   les voyages   les bandes dessinées   la peinture

le cinéma   le rock   le bricolage   le théâtre

exercice 5 : Et vous? Qu'est-ce que vous aimez?

exercice 6 : Pourquoi? Parce que...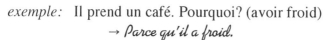

> *exemple:* Il prend un café. Pourquoi? (avoir froid)
> → *Parce qu'il a froid.*

1) Ils vont à la cafétéria. Pourquoi? (avoir faim)

2) Il prend un jus d'orange. Pourquoi? (avoir soif)

3) Maï ne travaille pas. Pourquoi? (être étudiante)

4) Vous prenez un demi. Pourquoi? (aimer la bière)

5) Tu rentres chez toi? Pourquoi? (avoir froid)

6) Elle ne vient pas? Pourquoi? (être à l'hôpital)

7) Ils sont à l'aéroport de Roissy. Pourquoi? (aller à Pékin)

8) Tu prends une glace? Pourquoi? (avoir chaud)

exercice 7 : Ecoutez la cassette et complétez.
【テープを聞いて，下の表を埋めてください】

	il / elle prend	parce qu'il / qu'elle a
Marie		
Bernadette		
Louis		
Julien		

exercice 8 : Complétez.
【下線部に適当な語を入れてください】

1) Je prends un _____ au lait.

2) Il aime les _____ : il va souvent à l'étranger.

3) J'aime la _____ : j'ai beaucoup de disques.

4) Il est _____ : il travaille dans un restaurant italien.

5) Elles aiment la _____ : elles vont souvent à la piscine.

6) — Tu aimes les sandwichs au jambon?

   — Oui, mais je préfère les sandwichs au _____ .

7) Vous prenez un _____ au lait?

8) Il va chez le _____ parce qu'il a chaud et froid.

signes orthographiques
アクセント記号のまとめ

フランス語のアクセント記号は，発音上の違いを表わすための記号と，発音には関係のない記号があります。

1. Accent aigu （アクサンテギュ）
    é　　[e]（日本語の「エ」よりも 口を狭く横に引いて発音する）。
    exemple: étudiant, été, café

2. Accent grave （アクサングラーヴ）
    è　　[ɛ]（日本語の「エ」よりも口を上下に広く開けて発音する）。
    exemple: j'achète, mère
    à ù　発音には影響なし。
    exemple: à, où

3. Accent circonflexe （アクサンシルコンフレックス）
    ê　　[ɛ]（«è» と同じ音）。
    exemple: fête, être
    â î ô û　発音には影響なし。
    exemple: âge, connaître, tôt, août

4. Cédille （セディーユ）
    ç　　«c» のみにつく（第5課，«c» の読み方を参照）。«ca», «co», «cu» など，一般的な規則に従えば[k]と発音されるはずのところを[s]と読ませる場合に使う。
    exemple: français, ça, leçon, reçu

5. Tréma （トレマ）
    ë ï ü　母音字を単独で発音させる場合に用いられる。
    exemple: haïr, héroïne, mosaïque, Emmaüs
    «ë» の場合，アクセントなしの «e» と同様，音節の構造によってその読み方は様々で，無音の場合もある。
    exemple: Noël, Citroën, aiguë

sons et orthographe 2

発音と綴り字2

7. 複母音字

ai	[ɛ / e]	japon<u>ai</u>se, j'<u>ai</u>
ei	[ɛ]	n<u>ei</u>ge, s<u>ei</u>ze
au, eau	[o]	<u>au</u>ssi, bur<u>eau</u>
eu, œu	[œ / φ]	j<u>eu</u>, s<u>œu</u>r
ou	[u]	bonj<u>ou</u>r, v<u>ou</u>s, t<u>ou</u>t
oi	[wɑ]	t<u>oi</u>, m<u>oi</u>, chin<u>oi</u>se
母音字 + y + 母音字（y = i + i）		ess<u>ay</u>er, tut<u>oy</u>er

8. 注意すべき子音字

c (e, i, y の前)	[s]	<u>c</u>e, <u>c</u>inéma, bi<u>c</u>yclette
c (それ以外)	[k]	<u>c</u>on<u>c</u>orde, <u>c</u>assette, fa<u>c</u>ulté
ç + a, o, u	[s]	<u>ç</u>a, gar<u>ç</u>on, re<u>ç</u>u
g (e, i, y の前)	[ʒ]	â<u>g</u>e, a<u>g</u>ir, <u>g</u>ymnastique
g (それ以外)	[g]	<u>g</u>omme, <u>g</u>lace
gu + e, i, y	[g]	collè<u>gu</u>e, <u>gu</u>ide, <u>Gu</u>y
s (母音字間)	[z]	mademoi<u>s</u>elle, japonai<u>s</u>e
s (それ以外)	[s]	<u>s</u>ept, dan<u>s</u>er
qu	[k]	Jac<u>qu</u>es, ban<u>qu</u>e

9. 複子音字

ch	[ʃ / k]	diman<u>ch</u>e, <u>ch</u>er ☞ <u>Ch</u>ristine, é<u>ch</u>o
ph	[f]	<u>ph</u>oto, al<u>ph</u>abet
rh	[r]	<u>rh</u>étorique
th	[t]	<u>th</u>éâtre, Ca<u>th</u>erine
gn	[ɲ]	Bourgo<u>gn</u>e, campa<u>gn</u>e

10. 音節

一つの音節には，必ず一つの母音字または複母音字が含まれます。

fr<u>an</u>/ç<u>ai</u>/se, <u>au</u>/to/mo/bi/le

母音の間の子音字は以下の原則に従います：複子音字（ch, ph, rh, th, gn）は一字とみなし，また l, r の前に子音字があるときも間で切りません。ただし，l, r の前の子音字が l, r, n の場合は原則通りになります。

1) 子音字が1つのときは後ろの音節に含まれます。

a/mour, Pa/ris, sa/me/di, té/lé/pho/ne

2) 子音字が2つのときは，1つは前，1つは後ろに含まれます。
>   im/por/tant, pos/si/ble

3) 3つのときは，最後の子音字を後ろの音節に入れます。
>   obs/ta/cle, comp/toir

11. アクセント記号のついていない «e» の読み方
  1) 音節の終わりでは無音または [ə]
>   le, venir, samedi, fenêtre, battre

  2) 音節の途中では（同一音節内で後ろに子音字があるとき）「エ」
>   nez, les, mercredi, poulet

12. 鼻母音
  1) 同一音節内で，母音字と n または m が続くときは以下のような鼻母音になります。

an, am, en, em	[ɑ̃]	français, chambre, encore, ensemble
in, im, yn, ym, ain, aim,	[ɛ̃]	vin, simple, synthèse, symbole
ein, eim		bain, faim, peintre, Reims
oin	[wɛ̃]	loin, point
un, um	[œ̃]	un, parfum
on, om	[ɔ̃]	oncle, ombre
ien	[jɛ̃]	bien, rien

  2) ただし，n, m が重なる場合は鼻母音になりません。
>   homme, bonne

13. 半母音 : (母音字 +) il, ill

ill	[ij]	fille, famille	☞ ville, mille
ail, aill	[aj]	travail, détail, volaille	
eil, eill	[ɛj]	soleil, appareil	
euil, euill, ueil, ueill, œil, œill	[œj]	feuille, accueil, œil	
ouil, ouill	[uj]	fenouil, grenouille, brouillard	
uill	[ɥij]	juillet	

— 25 —

Vous désirez?

Le commerçant:	Bonjour madame. Vous désirez?
La cliente:	Je voudrais du jambon.
Le commerçant:	Combien de tranches?
La cliente:	Six, s'il vous plaît. Et puis du fromage : un camembert et du roquefort.
Le commerçant:	Je n'ai plus de roquefort.
La cliente:	Bon, alors, du gorgonzola.
Le commerçant:	Vous en voulez combien?
La cliente:	200 grammes, s'il vous plaît.
Le commerçant:	Voilà. Et après?
La cliente:	De la farine, de l'eau minérale et un kilo de tomates.
Le commerçant:	Voulez-vous autre chose?
La cliente:	Non, c'est tout.
Le commerçant:	Bon, alors..., **16,03 euros.**

I. verbe : vouloir

vouloir の活用

	単数	複数
1 人称	je veux	nous voulons
2 人称	tu veux	vous voulez
3 人称	il / elle veut	ils / elles veulent

※ Je *voudrais* du jambon.
条件法現在：ていねいな言い方

II. articles partitifs　部分冠詞

男性・単数	女性・単数	
du	**de la**	＋子音で始まる名詞
de l'		＋母音で始まる名詞

Je voudrais **du** jambon.　⇔　J'aime **le** jambon.
Je mange **de la** viande.　⇔　J'adore **la** viande.
Je prends **de l'**eau minérale.　⇔　Je préfère **l'**eau minérale.

III. articles　冠詞のまとめ

	不特定	特定
数えられるもの	不定冠詞 **un, une, des**	定冠詞 **le, la, l', les**
数えられないもの	部分冠詞 **du, de la, de l'**	

IV. «de» de négation　否定の «de»

Il prend du jambon.　⇒　Il ne prend pas **de** jambon.
Je bois de l'eau.　⇒　Je ne bois pas **d'**eau.
Tu manges de la viande.　⇒　Tu ne manges pas **de** viande.
Tu as une gomme?　⇒　Non, je n'ai pas **de** gomme.
Elle a des frères?　⇒　Non, elle n'a pas **de** frères.

Attention!　J'aime le jambon.　⇒　Je n'aime pas **le** jambon.
C'est une amie?　⇒　Non, ce n'est pas **une** amie.

V. quantité 分量表現

beaucoup		pain
un peu		jambon
100 grammes		fromage
3 litres		huile
un paquet	de / d'	farine
2 bouteilles		eau minérale
une douzaine		œufs
une boîte		sardines
une brique		lait

— Vous voulez combien de tomates?   — | Un kilo.
Trois.

— Vous avez combien d'enfants?   — | Deux. Un garçon et une fille.
J'ai 3 garçons.

— C'est combien?   — | (C'est) | 6 euros.
— Ça fait combien?   — | (Ça fait) |

VI. pronom neutre : en 中性代名詞 : en

不定冠詞／部分冠詞／数詞
数量副詞 (beaucoup, etc) + de │ +名詞 ⇒ **en**

Tu as *une* **gomme**?	Oui, j'**en** ai *une*.
Elle a *des* **enfants**?	Oui, elle **en** a *deux*
Je voudrais *de l'***eau minérale**.	Désolé, je n'**en** ai *plus*.
Tu as *combien de* **disques**?	J'**en** ai *beaucoup*.
Voulez-vous *du* **café**?	Non, merci, je n'**en** veux *pas*.

VII. les 3 formes interrogatives 疑問文の 3 つの形

1. Vous avez des tomates?
2. Est-ce que vous avez des tomates?
3. Avez-vous des tomates?

Elle est mariée.	⇒	Est-elle mariée?
Elle habite à Paris.	⇒	Habite-t-elle à Paris?
Sylvie est mariée.	⇒	Sylvie est-elle mariée?
Sylvie habite à Dijon.	⇒	Sylvie habite-t-elle à Dijon?

exercice 1 : Vous faites les courses. Imaginez de petits dialogues.
【買い物のやりとりをしてください】

Vous désirez?

Je voudrais...

Vous en voulez combien?

... s'il vous plaît.

Ça fait combien?

oranges
1,95€ le kilo

pommes
2,80€ le kilo

pastèque
1,20€ pièce

carottes
0,65€ le kilo

laitue
0,85€ pièce

œufs
2,16€ la douzaine

yaourts
3,07€ le pack de 6

camembert
1,57€

emmental
7,50€ le kilo

spaghettis
0,64€

riz 1,50€

lait 0,52€

saumon
16,04€ le kilo

sardines à l'huile
1,03€

saucisses
6,83€ le kilo

jambon
2,32€ les 6 tranches

steak haché
1,80€ pièce

côtes de porc
5,90€ le kilo

eau minérale 0,39€

bière
3,15€ le pack de 6

exercice 2 : Complétez avec un, une, du, de la, de l', des, de ou d'.

【下線部に un, une, du, de la, de l', des, de, d' のどれかを入れてください】

la cliente :   Bonjour Monsieur.

le commerçant :   Bonjour Madame. Qu'est-ce que vous désirez?

la cliente :   Je voudrais _____ œufs, _____ farine et un kilo _____ riz,
s'il vous plaît.

le commerçant :   Bien. Et avec ça?

la cliente :   Vous avez _____ champignons?

le commerçant :   Bien sûr! Vous en voulez combien?

la cliente :   Une boîte _____ 500 grammes. Et puis, _____ fromage râpé
et un petit morceau _____ roquefort.

le commerçant :   Voilà.

la cliente :   Qu'est-ce que vous avez comme fruits?

le commerçant :   J'ai _____ pommes, _____ bananes et _____ abricots.

la cliente :   Bon, alors un kilo _____ abricots.

le commerçant :   Vous voulez autre chose?

la cliente :   Oui, _____ jus d'orange, _____ eau minérale et _____
mayonnaise. Ça fait combien?

le commerçant :   38,93 euros, s'il vous plaît.

exercice 3 : Imaginez un dialogue.   【絵を見て，会話を作ってください】

exercice 4 : Répondez à la forme négative aux questions suivantes.

【否定文で答えてください】

1) Elle est américaine?
2) Vous aimez le cinéma?
3) Vous prenez des fruits?
4) C'est un gâteau?
5) Ils achètent un livre?

6) Elle aime la musique?
7) Vous avez des œufs?
8) Ils prennent de la bière?
9) Tu habites à Lyon?
10) Il prend du thé?

exercice 5 : Mettez l'article.　【下線部に適当な冠詞を入れてください】

1) — Qu'est-ce qu'elle achète?

　— _____ cassettes et _____ livres.

2) — Qu'est-ce que c'est?

　— C'est _____ disque.

　— Et ça?

　— C'est _____ dictionnaire de Marc.

3) Nous écoutons _____ symphonie de Beethoven.

4) Dans un magasin de disques, ils achètent _____ disque de Vanessa Paradis. Ils rentrent tout de suite et écoutent _____ disque.

5) Elles n'aiment pas _____ voyages mais elles aiment _____ lecture et _____ musique.

6) *à la maison*

Qu'est-ce que tu prends : _____ thé ou _____ café?

7) *au café*

Qu'est-ce que tu prends : _____ sandwich ou _____ pizza?

8) — Bonjour Messieurs. Qu'est-ce que vous prenez?

　— _____ café, _____ thé, et _____ croissants.

9) *au restaurant*

Henri : 　Qu'est-ce que tu prends : _____ poisson, ou _____ viande...

Jacques : 　Je prends _____ sole meunière et _____ salade de tomates. Et toi?

Henri : 　Moi, je prends _____ salade verte et _____ poulet frites.

Jacques : 　Qu'est-ce qu'on boit avec ça? _____ vin blanc ou _____ rouge?

Henri : 　Moi, je préfère _____ rouge.

10) *au marché*

— Vous avez _____ pommes?

— Non, je n'ai pas _____ pommes mais j'ai _____ poires.

exercice 6 : Transformez les questions comme dans l'exemple.　　

【例にならって言いかえてください】

exemple: 　Tu habites où? → *Où est-ce que tu habites?*

　　　　　　　　　　　　　Où habites-tu?

1) Qu'est-ce qu'il fait?

2) Comment vous appelez-vous?

3) Pierre habite où?

4) Vous êtes Madame Yamada?

5) Tu prends quoi?

6) Elle va à New York. Pourquoi?

leçon 6

Qu'est-ce que tu fais maintenant?

Paul: Qu'est-ce que tu fais maintenant?

Marc: Je travaille dans une banque avec ma femme.

Paul: Avec ta femme? Tu es marié?

Marc: Oui, depuis 5 ans.

Paul: Tu as des enfants?

Marc: Oui, j'en ai deux. Un garçon et une fille.

Paul: Ah, bon? Et ils ont quel âge?

Marc: Le garçon a 4 ans et la fille 2 ans. Et toi, toujours célibataire?

Paul: Eh oui! Tu sais, je n'ai pas de travail, alors c'est difficile.

Marc: Qu'est-ce que tu fais dimanche?

Paul: Rien.

Marc: Viens chez nous.

Paul: Merci, c'est gentil.

I. verbe : faire

faire の活用

	単数	複数
1人称	je fais	nous faisons
2人称	tu fais	vous faites
3人称	il elle fait	ils elles font

II. impératif 命令法

Tu regarde**s** la télé.	⇒	Regarde la télé (s'il te plaît).
Vous regardez la télé.	⇒	Regardez la télé (s'il vous plaît).
Nous regardons la télé.	⇒	Regardons la télé.
☞ Tu vien**s** chez moi.	⇒	Vien**s** chez moi.

III. lieux de travail 職場

Je travaille dans | un bureau.
| un restaurant.
| un hôtel.
| un café.
| un hôpital.

Je travaille dans | une école.
| une banque.
| une usine.
| une université.
| une agence de voyages.

IV. jours de la semaine 曜日

lundi, mardi, mercredi, jeudi, vendredi, samedi, dimanche

exercice 1 : Répondez aux questions.
【 （　 ）内の語句を使って答えてください】

exemple: Qu'est-ce que tu fais? (téléphoner à Pierre)
→ *Je téléphone à Pierre.*

1) Où est-ce qu'il travaille? (un café)
2) Tu vas à Paris? (Lyon)
3) Qu'est-ce qu'on fait? (prendre un café)
4) Qu'est-ce qu'ils font? (regarder un match de football à la télé)
5) Qu'est-ce que vous faites lundi? (aller au cinéma avec Akiko)
6) Qu'est-ce qu'elle fait mercredi? (travailler)
7) Tu as faim? (non)
8) Qu'est-ce que tu prends? (un café et une glace)

leçon 6

exercice 2 : En vous référant aux activités (passe-temps) ci-dessous, répondez aux questions.　【下のリストを参考に質問に答えてください】

1) Qu'est-ce que vous faites dimanche?　【今度の日曜日に何をしますか】

2) Qu'est-ce qu'il / qu'elle fait? Ecoutez et notez les réponses des autres et répondez à la question.【クラスの他の人は何をしますか。他の人の答をノートして誰々は何をするか，隣の人とたずねあってください】

faire du sport　　　　faire du lèche-vitrines　　　　faire des courses

jouer du piano　　　　sortir　　　　regarder la télé

jardiner　　　　aller au cinéma　　　　écouter de la musique

aller voir une exposition　　　　voir des amis　　　　aller à la piscine

exercice 3 : Transformez : parce que... ⇔ alors...

【parce que の文を alors に，alors の文を parce que に換えてください】

exemples: Il prend un café parce qu'il a froid.

→ *Il a froid, alors il prend un café.*

Je n'ai pas de travail, alors c'est difficile.

→ *C'est difficile parce que je n'ai pas de travail.*

1) Elle a soif, alors elle prend un coca-cola.

2) Il va à l'université parce qu'il est étudiant.

3) Ma femme est malade, alors je ne vais pas au cinéma.

4) On ne va pas au bureau parce que c'est dimanche.

5) Elle n'a pas de voiture, alors elle prend le métro.

6) Mlle Tanaka habite à Cherbourg parce qu'elle étudie le français.

exercice 4 : Mettez le verbe à l'impératif.

【（　）内の動詞を命令法にして下線部に入れてください】

exemple: _____ et _____ le dialogue. (écouter, répéter : vous に

対して)→ __Ecoutez__ et __répétez__ le dialogue.

1) Vous ne comprenez pas? _____ des questions. (poser)

2) Tu as soif? _____ au café. (aller : nous に対して)

3) Vous n'avez pas d'amis? _____ à la maison. (venir)

4) Tu n'as pas de travail? _____ chez des amis. (habiter)

5) Vous avez froid? _____ un chocolat chaud. (prendre)

6) Tu vas au Japon? _____ le japonais. (étudier)

7) Nous étudions le français, alors _____ à Paris. (aller)

8) Tu es seul? _____ à Marie. (téléphoner)

9) Tu étudies l'anglais? _____ chez moi, à Londres. (venir)

10) Vous ne travaillez pas? Alors _____ la télé. (regarder)

exercice 5 : Répondez aux questions à l'aide des expressions suivantes.

【囲みの表現を使って，問いに答えてください】

1) Pourquoi vont-ils au café?

2) Pourquoi ne vient-elle pas?

3) Pourquoi prend-il un jus d'orange?

4) Pourquoi est-ce que tu ne travailles pas?

5) Pourquoi Luc va-t-il à la piscine?

6) Pourquoi prenez-vous un demi?

7) Pourquoi rentres-tu chez toi?

8) Pourquoi vont-elles à l'aéroport?

être dimanche	être malade	avoir soif	avoir faim
avoir chaud	avoir froid	aller à Madrid	aimer la bière

— 35 —

leçon 6

exercice 6 : Mettez ces phrases à la forme négative.
【否定文にしてください】

exemple: J'ai chaud. → *Je n'ai pas chaud.*

1) Tu as des enfants?
2) Vous mangez des spaghettis?
3) Elle aime la glace.
4) C'est un ami?
5) Tu achètes un livre?
6) Ils regardent la télé.
7) Maman, tu fais un gâteau?
8) Nous prenons des photos.
9) Ils prennent un taxi.
10) C'est l'université de Paul?

exercice 7 : Ecoutez et cochez la case correspondante. 【テープを聞いて，内容が
あっていれば **vrai** に，違っていれば **faux** に印をつけてください】

	vrai	faux
1) M. et Mme Dubois sont français.	☐	☐
2) Ils ont 35 ans.	☐	☐
3) Mme Dubois s'appelle Carmen.	☐	☐
4) Elle travaille.	☐	☐
5) Ils habitent à Toulouse.	☐	☐
6) Ils ont 4 enfants.	☐	☐
7) La fille de M. et Mme Dubois a 12 ans.	☐	☐
8) Elle va à l'école.	☐	☐

exercice 8 : Faites des dialogues selon le modèle suivant.
【例にならって，買い物のやり取りをしてください】

Vous avez des carottes?

Oui, vous en voulez combien?

(J'en voudrais) un kilo.

bananes	melons	pommes de terre	œufs
saumon	sardines à l'huile	jambon	macaronis
beaujolais (vin rouge)	bière	lait	yaourts

sons et orthographe 3

発音と綴り字3

exercice 9 : Découpez les mots suivants en syllabes et puis prononcez-les.
【次の語を音節ごとに / で区切って発音してください】

collègue	mercredi	restaurant	dessert	théâtre
je m'appelle	vous vous appelez	mademoiselle	étudiant
cuisinier	cuisinière	espagnol	coréen	coréenne
professionnel	professionnelle	je travaille	vous travaillez

exercice 10 : Entourez les «e» soulignés qui se prononcent [e / ɛ]
【下線のある «e» を「エ」と読む場合はその «e» を○で囲んでください】

1) après-midi   2) espagnole   3) télécarte   4) secret
5) médecin   6) message   7) frère   8) quel âge
9) elle écoute   10) je préfère   11) acheter   12) j'achète
13) vous achetez   14) professionnelle 15) le   16) les

exercice 11 : Cochez les cases correspondant aux voyelles que vous avez enten-
dues. 【聞こえた複母音字の欄に印をつけてください】

	1	2	3	4	5	6	7	8	9	10	11	12	13	14	15
ou															
ai/ei															
au / eau															
eu / oeu															
oi															

exercice 12 : Prononcez les mots suivants.
【次の語を発音してください】

face	idole	station	pressurer	doute
type	cycle	agréable	double	dialecte
date	pipe	décider	mesure	prince
train	style	touche	Nice	Lyon

leçon 6

leçon 7
Dans une grande librairie

rez-de chaussée   premier étage

Vous êtes ici.

① Accueil-informations
② Escalator
③ Escalier
④ Littérature française
    Nouveautés
⑤ Romans
⑥ Beaux-arts
⑦ Photo
⑧ Sciences humaines
⑨ Littérature étrangère
⑩ Bandes dessinées
⑪ Cuisine
⑫ Voyages
⑬ Loisirs
⑭ Maison et jardin
⑮ Religion
⑯ Livres pour enfants
⑰ Sports

La cliente: Pardon Madame, je cherche les guides touristiques.

La vendeuse: Les guides touristiques, c'est au premier étage. Regardez sur ce petit plan. Vous prenez l'escalator. Vous traversez le rayon des bandes dessinées, après, il y a le rayon des livres de cuisine et à gauche ce sont les guides touristiques.

La cliente: Merci beaucoup. Où est l'escalator?

La vendeuse: Il est là-bas au fond, Madame.

I. adjectifs 形容詞

1) masculin / féminin 男性形 / 女性形

<u>女性形の作り方</u>

① 男性形＋**e**

petit → petit**e**	grand → grand**e**	marié → marié**e**	joli → joli**e**
seul → seul**e**	prêt → prêt**e**	vert → vert**e**	noir → noir**e**
bleu → bleu**e**	gris → gris**e**	blond → blond**e**	brun → brun**e**

② 男性形が **e** で終わる場合は不変

célibataire	malade	célèbre	difficile	sympathique
jeune	mince	rouge	malade	jaune

③ 特殊なもの

derni*er* → derni**ère**   gentil → gentil**le**   bon → bon**ne**

gros → gros**se**   sporti*f* → sporti **ve**   danger*eux*→ danger**euse**

blan *c* → blan **che**

b*eau* (village) / b*el* (hôtel) → b**elle** ville

nouv*eau* / nouv*el* → nouv**elle**   v*ieux* / v*ieil* → v**ieille**

2) singulier / pluriel 単数形 / 複数形

<u>複数形の作り方</u>

① 単数形＋**s**

petit → petit**s** / petite → petite**s**   jeune → jeune**s**

sportif → sportif**s** / sportive → sportive**s**

② 単数形が **s, x** で終わる場合は不変

un voyage dangereux → des voyages dangereux

☞ une route dangereuse → des routes dangereuse**s**

③ 特殊なもの

un beau village → de beau**x** villages / un bel hôtel → de beau**x** hôtels

☞ une belle ville → de belle**s** villes

3) 名詞の前にくる形容詞

grand	petit	bon	mauvais	joli
beau	nouveau	vieux	gentil	etc.

☞ un grand immeuble → **de** grands immeubles

une grande maison → **de** grandes maisons

II. adjectifs démonstratifs 指示形容詞

男性・単数	女性・単数	複数	
ce	cette	ces	＋子音で始まる名詞
cet			＋母音で始まる名詞

exemples: ce village, cet appartement, cette place, cette église
ces places, ces églises

III. adjectifs numéraux ordinaux 序数形容詞

1er (1re)	premi*er* (premi**ère**)		2e	deuxième
3e	troisième		4e	quatrième
5e	cinquième		6e	sixième
7e	septième		8e	huitième
9e	neuvième		10e	dixième

IV. localisation 場所の表現

Il y a une église | au milieu de la ville
| à côté du musée.
| en face de l'école.

devant	le café	la pharmacie
derrière	le bar-tabac	la boulangerie
sur	le grand magasin	la librairie
sous	la «Samaritaine»	la boucherie
dans	les «Galeries Lafayette»	la poste
à côté	le supermarché	la station de métro
à gauche	le restaurant	la gare
à droite	de	le pont	la rue
en face	le boulevard	la place
au milieu	le musée	l'avenue
entre **A** et **B**	l'hôtel	l'école
	l'hôpital	

Il y a une église à côté / à gauche / à droite/ en face / derrière.

exercice 1 : En regardant le plan ci-dessous, posez-vous des questions du type :

【下の絵を見ながら，以下の表現を使って問いを作ってください】

exemples:　Qu'est-ce qu'il y a...?

　　　　　　Où est...?

exercice 2 : Indiquez la relation des bâtiments sur le plan.

【下の絵にある建物の位置関係を問うやりとりをしてください】

exemple:　— Où est la station de métro?

　　　　　　— Elle est...

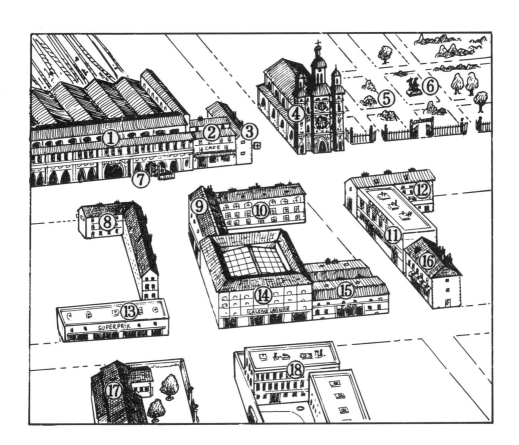

① gare	② café Loïc	③ pharmacie
④ église	⑤ parc	⑥ statue
⑦ station de métro	⑧ hôtel de la gare	⑨ restaurant
⑩ hôtel Lapunaise	⑪ banque	⑫ hôtel Moderne
⑬ supermarché	⑭ grand magasin	⑮ cinéma
⑯ bar «Chez Luc»	⑰ école	⑱ hôpital

exercice 3 : Mettez l'adjectif démonstratif. 　【（　）内に指示形容詞を入れてください】

　　　　exemple: On visite (　　　　　　　) église? → On visite (　*cette*　) église?

1) (　　　　　　) garçon de café habite à Versailles.
2) (　　　　　　) musicienne est très célèbre.
3) Qui est (　　　　　) monsieur?
4) (　　　　　　) étudiant ne travaille pas.
5) Ils prennent un demi dans (　　　　　) café.
6) Dans (　　　　　) université, il y a 15 000 étudiants.
7) Où vont (　　　　　) enfants?
8) Il travaille dans (　　　　　) hôpital.
9) (　　　　　) femme est grande et blonde.
10) J'habite à côté de (　　　　　) banque.

exercice 4 : Complétez. 　【下線部に適当な語を入れてください】

1) La boucherie est _____ _____ _____ la pharmacie.
2) _____ va _____ café.
3) Elle _____ des amis _____ Paris?
4) Vous _____ _____ musée _____ Paul?
5) Je travaille _____ un _____ français.
6) Nous _____ _____ eux.
7) Il _____ _____ un cimetière _____ _____ église.
8) Catherine _____ 3 _____.
9) Il _____ aime _____ _____ café.
10) _____ le supermarché et _____ hôtel, _____ y _____ une boulangerie.

exercice 5 : Indiquez la place du chat. 　【猫の位置を言ってください】

　　Où est le chat?

1)　　　　　　　　　　2)　　　　　　　　　　3)

4)　　　　　　　　　　5)　　　　　　　　　　6)

exercice 6 : Placez et accordez les adjectifs.
　　　　【（　）内の形容詞を適当な形に変えて，適当な位置に入れてください】

　　1) Caroline est une jeune fille. (gros / blond)
　　2) C'est une nouvelle. (bon)
　　3) Cette dame a 3 chiens. (petit / noir)
　　4) Dans ce parc, il y a des arbres (beau)
　　5) Carcassonne est une ville. (petit / joli)
　　6) Il achète une voiture. (nouveau)
　　7) C'est un jeune homme. (grand / sympathique)
　　8) J'aime les enfants. (gentil)

exercice 7 : Complétez.　【4人の特徴を書いてください】

　　Comment est...?

Elodie	
Luc	
Clémentine	
Jules	

exercice 8 : Ecoutez et cochez la case correspondante.　【テープを聞いて，内容が
　　　　あっていれば **vrai** に，違っていれば **faux** に印をつけてください】

　　　　　　　　　　　　　　　　　　　　　　　　　　　vrai　　**faux**

1) Elle est dans les Alpes.　☐　☐
2) Son hôtel est à côté du lac d'Annecy　☐　☐
3) Sévrier est une petite ville.　☐　☐
4) Derrière l'église, il y a une place.　☐　☐
5) Il y a un supermarché.　☐　☐
6) La statue est en face de l'église.　☐　☐

leçon 8   *Partir en vacances*

Nicole:	Claire! N'oublie pas tes livres!
Claire:	Mais non! Mes affaires sont dans mon sac!
Nicole:	Jean! Ta valise! Où est-elle?
Jean:	Ma valise? Elle est dans l'entrée.
Nicole:	Claire! Emmène ton chat chez la voisine, s'il te plaît. Jean! Je ne trouve pas nos billets de train!
Jean:	Du calme, du calme! Ils sont sur la table. Bon, vous êtes prêtes? On part.

Le contrôleur:	Vos billets, s'il vous plaît.
Jean:	Voilà. Il n'y a pas de wagon-restaurant?
Le contrôleur:	Si, voiture 8, au milieu du train.
Jean:	Merci.

I. adjectifs possessifs 所有形容詞

単　　数			複　数
男　性	女　性		
	母音で始まる名詞	子音で始まる名詞	
mon		ma	mes
ton		ta	tes
son		sa	ses
notre			nos
votre			vos
leur			leurs

所有形容詞は所有者の性には関係なく，次にくる名詞の性・数，およびその名詞が母音で始まるか子音で始まるかによって形を変えます。

C'est son chien.　　⇔　　Ce chien est à lui / elle.
C'est sa voiture.　　⇔　　Cette voiture est à lui / elle.
C'est son orange.　　⇔　　Cette orange est à lui / elle.

II. oui / si 否定疑問文に対する肯定の答

— Tu viens?　　　　　　— Oui bien sûr. J'arrive tout de suite.
　　　　　　　　　　　　— Non, je suis très fatigué(e).
— Tu ne viens pas?　　— Si, j'arrive tout de suite.
　　　　　　　　　　　　— Non, je suis très occupé(e).

III. verbe : partir

partir の活用

	単数	複数
1人称	je　pars	nous　partons
2人称	tu　pars	vous　partez
3人称	il / elle　part	ils / elles　partent

IV. impératif négatif 命令法の否定形

Regarde la télé. ⇒ **Ne** regarde **pas** la télé.

Regardez la télé. ⇒ **Ne** regardez **pas** la télé.

Regardons la télé. ⇒ **Ne** regardons **pas** la télé.

☞ Prends **une** bière. ⇒ Ne prends pas **de** bière.

V. affaires 身の回りのもの

un sac	un portefeuille	un cahier
un agenda	un livre	un mouchoir
un crayon	un stylo	un parapluie
des kleenex	de l'argent	une valise
une montre	une clé (clef)	une gomme
une cassette	une carte de crédit	une télécarte

VI. famille 家族

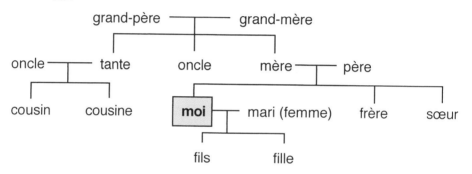

exercice 1 : Répondez aux questions. 【下の図を見ながら質問に答えてください】

La famille Martin

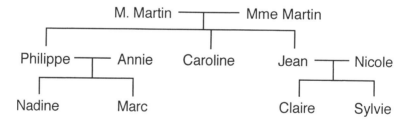

exemple: Il s'appelle Philippe. Qui sont ses parents?
→ *Ce sont M. et Mme Martin.*

1) Je m'appelle Annie. Qui sont mes enfants?
2) Ils s'appellent M. et Mme Martin. Qui est leur fille?
3) Elle s'appelle Sylvie. Qui sont ses cousins?
4) Il s'appelle Marc. Qui est sa sœur?
5) Elle s'appelle Caroline. Qui sont ses frères?

exercice 2 : Mettez l'adjectif possessif.　【（　）内に適当な所有形容詞を入れてください】

1) Il a 2 enfants : (　　　　　　) fils a 15 ans et (　　　　　　) fille 21 ans.
2) J'habite à Paris. (　　　　　　) appartement est à côté de la Bibliothèque Nationale.
3) Tu vas chez (　　　　　) parents? Qu'est-ce que fait (　　　　) père.
4) Nous habitons en Normandie: (　　　　　) maison est petite mais confortable: la chambre des enfants est au rez-de chaussée, (　　　　　) chambre est au premier étage.
5) Elles sont étudiantes : (　　　　　) université se trouve à Vincennes.
6) Vous étudiez le français : quel âge a (　　　　) professeur?
7) Nous allons en France chez (　　　　) amis.
8) Ils sont cuisiniers : (　　　　) restaurant est en face de la gare.
9) Tu viens avec (　　　　) amie Marie?
10) Philippe, téléphone à (　　　　) mère.

exercice 3 : Ecoutez et écrivez dans le tableau suivant les informations concernant ces différentes personnes.　【テープを聞いて，下の人物に関する情報を書いてください】

M. Lapointe		
Mme Lapointe		
Antoine		
Mme Blanc		
Félix		

exercice 4 : Faites des mini-dialogues comme dans l'exemple.
【例にならって，短いやりとりをしてください】

exemple: livre / il　　→ — *Ce livre est à qui?*
　　　　　　　　　　　　— *Ce livre est à lui. C'est son livre.*

exercice 5 : Trouvez une question.　【次の文が答になるような疑問文を作ってください】

1) C'est une amie de Thierry.
2) Il y a une église sur la place.
3) Parce que j'ai faim.
4) Vos affaires sont dans le salon.
5) Il est à moi.
6) Elles viennent avec nous.
7) Oui, en face de la gare.
8) L'agenda de mon père.

exercice 6 : Répondez positivement, puis négativement.
【例にならって，肯定と否定で答えてください】

exemples: Vous n'allez pas à Paris? → *Si, je vais à Paris.*
→ *Non, je ne vais pas à Paris.*

1) Il ne vient pas?
2) Vous sortez?
3) Elle ne prend pas le train?
4) Tu ne téléphones pas à Marie?
5) Elles ne sont pas françaises?
6) Vous ne mangez pas?
7) Vous ne voulez pas de spaghettis?
8) Ils travaillent aujourd'hui?
9) Elle n'a pas d'amis?
10) Vous n'habitez pas à Antony?

exercice 7 : Répondez avec l'impératif négatif. 【否定命令文で答えてください】

exemple: On va au cinéma? (café)
→ *Non, n'allons pas au cinéma, allons au café.*

1) Nous allons chez Marc dimanche? (Jacques)
2) On mange une pizza? (un sandwich)
3) M. le directeur, je vais à la banque? (la mairie)
4) Maman, Pierre et moi, on regarde la télé? (aller dans le jardin)
5) Nous prenons un café? (une bière)
6) Maman, j'écoute un disque? (faire tes devoirs)
7) Tu viens avec moi chez Luc? (aller à la bibliothèque)

exercice 8 : Décrivez. 【下の絵を見ながら，ものの位置関係を言ってください】

exemple: Il y a un sac sur la table. / Le sac est sur la table.

une boîte
des fleurs
une radio
un téléphone
un chat
un ballon
un vase

exercice 9 : Décrivez cet appartement et cette maison.

【下の図の間取りを説明してください】

exemple: Il y a 2 chambres et...

La cuisine est à côté de...

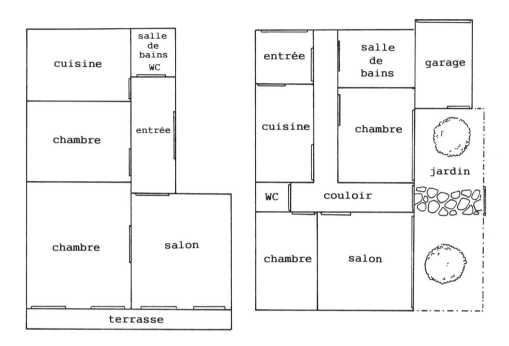

exercice 10 : Faites le plan d'un appartement et présentez-le.

【マンションの間取りを図に書き，説明してください】

exercice 11 : Complétez avec un verbe à l'impératif négatif.

【下線部に適当な動詞を命令法の否定形にして入れてください】

exemple: _____ vos affaires!

→ *N'oubliez pas* _____ vos affaires!

1) _____ à Marie, elle est en voyage. (tu に対して)

2) _____ de café, il n'est pas bon! (nous に対して)

3) _____ tes devoirs maintenant, nous sortons!

4) _____ vos chiens chez la voisine, elle n'est pas chez elle!

5) _____ dimanche chez moi, je vais chez mes parents.

(vous に対して)

6) _____ ces oranges, elles sont vieilles. (vous に対して)

7) _____ à Lyon, je préfère la campagne.

leçon 9
Le week-end prochain 🔊

Chantal: Qu'est-ce que tu vas faire le week-end prochain?

Michel: S'il fait beau, je vais aller en Italie avec ma petite amie pour faire de la planche à voile.

Chantal: C'est super!

Michel: Si tu veux, tu peux venir avec nous.

Chantal: Merci, mais je ne sais pas nager et puis je dois aller chercher ma tante à l'aéroport.

Michel: Elle vient d'où?

Chantal: Du Canada.

I. prépositions + noms de pays　国名につく冠詞

	男性・単数	女性・単数	複数	
	au	**en**	**aux**	＋子音で始まる名詞
				＋母音で始まる名詞

exemples: aller au Japon / en Iran / en France / aux Etats-Unis

	男性・単数	女性・単数	複数	
	du	**de**	**des**	＋子音で始まる名詞
	d'			＋母音で始まる名詞

exemples: venir du Japon / d'Iran / de France / des Etats-Unis

II. verbes : pouvoir, devoir, savoir

pouvoir の活用

	単数	複数
1人称	je　peux	nous　pouvons
2人称	tu　peux	vous　pouvez
3人称	il / elle　peut	ils / elles　peuvent

devoir の活用

	単数	複数
1人称	je　dois	nous　devons
2人称	tu　dois	vous　devez
3人称	il / elle　doit	ils / elles　doivent

savoir の活用

	単数	複数
1人称	je　sais	nous　savons
2人称	tu　sais	vous　savez
3人称	il / elle　sait	ils / elles　savent

III. verbe + infinitif　動詞＋不定法

aimer	+ infinitif	Annie aime **voyager** à l'étranger.
vouloir		Nous voulons **habiter** à la campagne.
pouvoir		Vous pouvez **faire** la cuisine aujourd'hui?
devoir		Tu dois **faire** tes devoirs maintenant!
savoir		Paul sait très bien **jouer** au tennis.

aller	+ infinitif	Elle va **chercher** son fils à l'école.
venir		Les Durand viennent **dîner** chez nous ce soir.

IV. futur proche　近接未来形

Qu'est-ce que tu **vas faire** demain?
Je **vais regarder** la télévision.

forme négative du futur proche　近接未来の否定形

Vous n'allez **pas** téléphoner à M. Lefort lundi?
Ils **ne** vont **pas** partir demain.

V. Quel temps fait-il?　天候の表現

Il fait	beau.		Il pleut.
	mauvais.		Il neige.
	chaud. (⇔ J'ai chaud.)	Il y a	du vent.
	froid. (⇔ J'ai froid.)		du brouillard.

Il fait beau.   Il fait mauvais.   Il fait mauvais.   Il fait mauvais.
Il y a du soleil.   Il y a des nuages.   Il pleut.   Il neige.

exercice 1 : Répondez au futur proche. 【近接未来形にして答えてください】

　　　exemple :　Tu prends ta voiture? (non / un taxi)
　　　　　　　　→ *Non, je vais prendre un taxi.*

1) Elle prend des spaghettis? (non / manger une pizza)
2) Tu vas à la mer? (non / à la montagne)
3) Vous allez au théâtre ce soir? (non / regarder la télé)
4) Tu pars tout de suite? (non / à 5 heures)
5) Elles arrivent quand? (demain)

exercice 2 : Mettez les phrases suivantes au futur proche et à la forme négative.
　　　【近接未来形の否定文にしてください】

　　　exemple :　Ils téléphonent au bureau.
　　　　　　　　→ *Ils ne vont pas téléphoner au bureau.*

1) Il dîne à la maison demain.
2) Elles habitent à Paris.
3) Ils achètent des gâteaux.
4) Nous allons chercher nos cousins à l'aéroport.
5) On étudie la grammaire.
6) Elles font de la gymnastique.
7) Je vois ce film avec mes amies.

exercice 3 : Transformez comme dans le modèle. 【例にならって言いかえてください】

　　　exemple :　J'aime le sport. → *J'aime faire du sport.*

1) Il préfère la mer. (aller)
2) Je veux un livre. (lire)
3) Nous aimons la musique. (écouter)
4) Vous allez au musée d'Orsay? (visiter)
5) Elles ne veulent pas d'alcool. (prendre)
6) Mes amis italiens aiment Lyon. (venir)
7) Il va au Canada. (venir)
8) J'aime les gâteaux au chocolat. (manger)
9) Vous désirez un disque de Whitny Houston? (écouter)
10) Tu aimes les films japonais? (voir)

exercice 4 : Faites une phrase avec les éléments donnés.
　　　【例にならって，文を作ってください】

　　　exemple :　aller / acheter → *Je vais acheter du pain.*

1) aimer / voir 　　　　　　　2) savoir / parler
3) savoir / conduire 　　　　　4) pouvoir / conduire
5) devoir / aller 　　　　　　　6) aller / chercher

exercice 5 : Répondez aux questions.
　　　【例にならって質問に答えてください】

　　　　exemple: → Tu habites où? (le Japon)

　　　　　　　　→ *J'habite au Japon.*

1) Elle habite à l'étranger? (oui / les Philippines)
2) D'où viennent-ils? (les Etats-Unis)
3) Où va ce train? (la Suisse, l'Italie et la Slovénie)
4) Où parle-t-on le français? (la France, la Belgique, le Canada...)
5) D'où téléphones-tu? (Kanazawa / le Japon)
6) Qu'est-ce qu'elle fait? (médecin / l'Inde)
7) Tu vas rencontrer des amis? (oui / Paul / le Brésil / Jacques / l'Argentine)
8) D'où viennent Hans et Mohammed?
　　　　　　　　　　(Hans / les Pays-Bas / Mohammed / l'Algérie)
9) D'où êtes-vous? (lui / la Syrie / moi / l'Irak)
10) Où allez-vous en vacances? (les enfants / l'Allemagne / nous / le Maroc)

exercice 6 : Faites une phrase avec ces 2 éléments.
　　　　【例にならって，２つの表現を使って文を作ってください】

　　　　exemple: avoir de l'argent / acheter une voiture
　　　　　　　　→ *Si j'ai de l'argent, j'achète une voiture.*

1) faire beau ce week-end / aller à la mer
2) pleuvoir dimanche / regarder la télé
3) vouloir / venir dîner
4) avoir le temps demain / laver ma voiture
5) ne pas comprendre / demander au prof
6) avoir faim / manger un sandwich
7) pouvoir aller en France / étudier le français
8) ne pas travailler lundi / partir 3 jours
9) y avoir du gruyère / faire une fondue au fromage
10) être malade / ne pas aller à la piscine

exercice 7 : Ecoutez et répondez aux questions suivantes.
　　　　【テープを聞いて質問に答えてください】

1) Qui veut aller à la mer?
2) Qui veut aller à la montagne?
3) Qui veut aller à Limoges? Chez qui?
4) Où Georges va-t-il aller pendant ses vacances?
5) Que va-t-il faire?
6) Qui est Chantal?

exercice 8 : Posez-vous des questions du type :
【例にならって，地図を見ながらやりとりをしてください】

     exemples: — Où est la Suisse?

                — Elle est au nord de l'Italie / à l'est de la France.

                — Qu'est-ce qu'il y a à l'ouest de la France?

                — A l'ouest de la France, il y a l'Océan Atlantique.

l'Allemagne	l'Autriche	la Belgique
le Danemark	l'Espagne	l'Italie
les Pays-Bas	le Portugal	le Royaume-Uni
la Suisse	la Corse	la Mer Méditerranée
l'Océan Atlantique	la Manche	la Mer du Nord

leçon 10

Qu'est-ce que tu as fait hier?

Jeanne: Qu'est-ce que tu as fait hier?

Paul: Hier?.. Rien. Je suis rentré à la maison. J'ai lu des bandes dessinées,
          j'ai écouté des disques... Et toi?

Jeanne: Moi, j'ai eu des cours jusqu'à 5 heures, je suis allée chez ma
          grand-mère, j'ai regardé la télé, et j'ai fait mes devoirs.

Paul: Ah moi, aujourd'hui, je n'ai pas de devoirs.

Jeanne: Tiens! Et pourquoi?

Paul: Parce que demain, nous allons visiter une usine avec le prof
          d'histoire.

Jeanne: Tu as de la chance!

I. passé composé 複合過去形

助動詞 **avoir / être**	**+**	過去分詞 **participe passé**

J'**ai regardé** la vidéo.

Je **suis allé(e)** à la montagne.

※ 複合過去の「複合」とは，２つの要素（助動詞と過去分詞）が複合しているという意味
です。助動詞に avoir をとるか être をとるかは動詞によって決まっています。

1）avoir をとる動詞：すべての他動詞とほとんどの自動詞。

2）être をとる動詞：一部の自動詞（移動，状態の変化を表すものが多い）とすべての
代名動詞。

j'	**ai**	
tu	**as**	
il	**a**	
elle	**a**	**regardé**
nous	**avons**	
vous	**avez**	
ils	**ont**	
elles	**ont**	

je	**suis**	**allé(e)**
tu	**es**	**allé(e)**
il	**est**	**allé**
elle	**est**	**allée**
nous	**sommes**	**allé(e)s**
vous	**êtes**	**allé(e)(s)**
ils	**sont**	**allés**
elles	**sont**	**allées**

※ être の場合は過去分詞が主語の性・数に一致します。

Il est allé au cinéma.　⇔　

Elle est allé**e** au cinéma.

Ils sont allé**s** au cinéma.

Elles sont allé**es** au cinéma.

※ -er を語尾にとる動詞（aller を含む）はすべて，不定法の語末の «-er» を «é» にかえ
ると過去分詞になります。regard**er** → regard**é**, all**er** → all**é**

avoir を伴う動詞とその過去分詞

habiter	→	habité
travailler	→	travaillé
être	→	été
avoir	→	eu
prendre	→	pris
faire	→	fait
lire	→	lu
voir	→	vu

être を伴う動詞とその過去分詞

venir	→	venu
arriver	→	arrivé
entrer	→	entré
rentrer	→	rentré
partir	→	parti
sortir	→	sorti
naître	→	né
mourir	→	mort

II. forme négative du passé composé 複合過去の否定形

ne (n')	助動詞 avoir / être	pas	過去分詞 participe passé

Je n'ai **pas** regardé cette vidéo.
Je **ne** suis **pas** allé(e) à la montagne.

III. On est le combien?

On est **le 1er** décembre.
Je suis né **le 4** janvier.

janvier	février	mars	avril	mai	juin
juillet	août	septembre	octobre	novembre	décembre

Elle rentre à Lyon **en** août.

IV. Quelle heure est-il?

Il est			
	trois heures (du matin).	3:00	———————
	trois heures et quart.	3:15	trois heures quinze
	quatre heures moins le quart.	3:45	trois heures quarante-cinq
	neuf heures vingt.	9:20	———————
	onze heures moins cinq.	10:55	dix heures cinquante-cinq
	midi et demie.	12:30	douze heures trente
	trois heures (de l'après-midi).	15:00	quinze heures
	quatre heures moins dix.	15:50	quinze heures cinqante
	neuf heures (du soir)	21:00	vingt et une heures
	minuit.	0:00	zéro heure

exercice 1 : Mettez les phrases au passé composé.　【複合過去形の文にしてください】

1) Ils font des sandwichs.
2) Nous cherchons l'entrée du musée.
3) Elles prennent une glace et un jus de tomate.
4) Ils oublient leurs affaires.
5) Elles vont au café.
6) Vous avez froid?
7) Tu téléphones à Caroline?
8) Nous partons à 8 heures.
9) J'aime Lucie.
10) Ils arrivent de France.

exercice 2 : Mettez les phrases au présent.　【現在形の文にしてください】

   1) Vous avez dîné?

   2) J'ai pris un taxi.

   3) Il a eu 20 ans hier.

   4) Tu as vu des amis?

   5) J'ai fait les exercices.

   6) Ils sont restés à la maison.

   7) Tu as été professeur?

   8) Ils ont lu «L'Etranger» de Camus.

   9) Elle est venue avec des amis.

   10) Nous avons posé des questions.

exercice 3 : Homme(s) ou femme(s)?

      【太字の人物は男性でしょうか，女性でしょうか】

    exemple:　**Vous** êtes allées à Paris? → vous = *femmes*

   1) **Dominique** est partie ce matin. → Dominique =

   2) Caroline et **toi**, vous êtes allés au théâtre. → toi =

   3) Paul et **moi**, nous sommes nés en 1940. → moi =

   4) **Nous** sommes arrivées au restaurant, nous avons mangé. Nous avons rencontré **Claude** et nous sommes retournés ensemble à la maison.

      → nous =　　　　　　　, Claude =

   5) **Tu** as pris un gâteau et du café? → tu =

   6) **Je** suis tombée. → je =

   7) **Vous** êtes arrivée hier? → vous =

   8) **J'**ai vu Laurence. → j' =

   9) **Tu** es revenu en France avec Paul? → tu =

   10) **Vous** avez aimé «Au revoir les enfants». → vous =

exercice 4 : Ecrivez une phrase avec les éléments donnés.

      【例にならって，文を作ってください】

    exemple:　je / écouter de la musique

          → Hier, j'ai écouté de la musique avec Sylvie.

   1) nous / prendre

   2) ils / naître

   3) vous / être

   4) tu / lire

   5) on / avoir

   6) maman / mourir

   7) Pierre et Yves / voir

   8) je / visiter

exercice 5 : Choisissez dans la liste la marque
temporelle. 【下の表から適当な表現
を選び，下線部に入れてください】

DECEMBRE						
L	Mar	Mer	J	V	S	D
1	2	3	4	5	6	7
8	9	10	11	12	13	14
15	16	17	18	19	20	21
22	23	24	(25)	26	27	28
29	30	31				

Aujourd'hui, c'est le 25 décembre.

exemple: ___*Aujourd'hui*___ , j'ai eu mes cadeaux de Noël. (le 25 décembre)

1) _____ , pour le jour de l'an, je vais aller chez des amis.

(le 1er janvier)

2) _____ et _____ , ma mère et moi, nous avons fait les courses.

(les 23 et 24 décembre)

3) _____ , nous avons réveillonné avec mes grands-parents.

(du 24 décembre à minuit au 25 décembre à 5 heures)

4) _____ , j'ai écrit des cartes de vœux. (le 22 décembre)

5) _____ , j'ai téléphoné à Paul. (le 25 décembre à 10 heures)

6) _____ , je vais partir avec ma sœur pour Paris.

(le 26 décembre à 17 heures)

7) _____ , j'ai assisté à une conférence à l'université. (le 18 décembre)

8) _____ , nous allons visiter le musée Picasso. (le 27 décembre)

9) _____ , nous allons entendre Véronique Sanson à l'Olympia.

(le 28 décembre)

10) _____ , mes grands-parents vont rentrer chez eux.

(le 25 décembre à 16 heures)

11) _____ , ma tante Lucie va arriver avec ses enfants.

(le 26 décembre)

12) _____ , je vais accompagner ma sœur et son amie à l'aéroport.

(le 30 décembre)

13) _____ , ma mère a fait la cuisine avec ma sœur.

(le 24 décembre de 14 heures à 18 heures)

aujourd'hui	demain	demain soir	après-demain
ce matin	cet après-midi	hier	hier après-midi
avant-hier	la nuit dernière	lundi	dimanche
jeudi dernier	jeudi prochain	dans 5 jours	

exercice 6 : Ecoutez et répondez aux questions.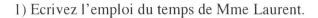
【テープを聞いて質問に答えてください】

1) Ecrivez l'emploi du temps de Mme Laurent.

lundi	
mardi	
mercredi	
jeudi	
vendredi	
samedi	
dimanche	

2) Quelle est la profession de Mme Laurent?

exercice 7 : Racontez ce que vous avez fait hier, au besoin en utilisant des expressions
ci-dessous. 【下記の表現を参考にして，あなたが昨日したことを話してください】

partir (de la maison)   rencontrer │ des ami(e)s
sortir avec un(e) ami(e)   voir │
aller au concert

rentrer │ en métro   déjeuner │ au restaurant
        │ en voiture   dîner   │ à la maison
                                             │ chez...

faire │ la cuisine   lire un magazine, un roman...
      │ le ménage   voir un film
      │ les courses   regarder la télé
                                    écouter de la musique

leçon 11
Un roman policier

Julien: En ce moment, j'écris un roman.

Sophie: Ah, bon? Quel genre de roman? Un roman d'amour? De science-fiction?

Julien: Non, non. Un roman policier.

Sophie: Ah!?

Julien: Ecoute le début : «Il est minuit. Un homme rentre chez lui. Il va dans la cuisine, prend un couteau dans un tiroir, puis l'aiguise. Il monte lentement l'escalier. Il entre dans la chambre, regarde sa femme et la tue.»

Sophie: Tu as l'intention de le publier?

Julien: Bien sûr! Je vais peut-être devenir célèbre comme Agatha Christie!

Sophie: Tu crois???

I. pronoms personnels COD　人称代名詞・直接目的補語

	単数	複数
1人称	me(m')	nous
2人称	te(t')	vous
3人称	le(l') la(l')	les

人称代名詞・直接目的補語の位置：
①肯定命令文以外は動詞（あるいは助動詞）の前。
②不定法の目的語である場合はその不定法の前。

— Il **m'**aime!? C'est vrai?
— Poisson d'avril!
On est très occupé. Tu peux **nous** aider?
— Paul part?
— Oui, demain, je **l'**accompagne à l'aéroport.
Je **vous** ai vu hier après-midi, à la gare.
— Monique! N'oublie pas ton parapluie!
— Mais non! Je **l'**ai mis dans mon sac!
Où as-tu mis les billets de concert? Je ne **les** trouve pas.

※ 助動詞が avoir の場合，直接目的補語が過去分詞より前にあれば，分詞は直接目的補語
　の性・数に一致します。（助動詞が être の場合は主語に一致します）

— Chantal, qu'est-ce que tu as fait hier?
— Tu connais Paul? Il **m'**a invité**e** au restaurant, et on a très bien mangé.
Ah, je n'ai pas mes clés! Je **les** ai oublié**es** chez moi!
— Vous avez vu Paul et Jeanne?
— Oui, je **les** ai vu**s** ce matin.

II. Quel genre de roman / de film / d'émission est-ce?

un film	d'amour		un roman	d'amour
	d'aventures			d'aventures
	de science-fiction			de science-fiction
	de guerre			policier
	d'horreur			
	musical		une émission	de cuisine
	comique			de variétés
un western				de sports
un dessin animé				
un documentaire				

III. interrogatifs concernant le temps 時に関する疑問文

Vous partez **quand**?
Il vient **à quelle heure**?
De quelle heure à quelle heure êtes-vous libre?
Elle travaille **jusqu'à quelle heure**?
Quel jour allez-vous à la piscine?

IV. adjectif interrogatif 疑問形容詞 : quel

	男性	女性
単数	quel	quelle
複数	quels	quelles

— **Quel** train prenez-vous?
— Le TGV de 18 heures 15.

— **Quelle** couleur préférez-vous?
— Je préfère le bleu.

— **Quel** genre de cuisine aimez-vous?
— J'aime bien la cuisine française.

exercice 1 : Trouvez une question.
　　　　【以下の文が答になるような問いを考えてください】

exemple: A trois heures. → *A quelle heure as-tu téléphoné?*

1) Lundi prochain.
2) A sept heures.
3) De huit heures à dix heures.
4) Jusqu'à midi.
5) Un café.
6) En mars.
7) Trois heures et quart.
8) Le dimanche.
9) Je les fais au supermarché.
10) Nous la voyons dimanche.
11) Je la regarde de neuf heures à onze heures.
12) Il pleut.

exercice 2 : Répondez avec les mots entre parenthèses et le pronom complément
d'objet direct qui convient. 【 （ 　）内の語と適当な直接目的補語を使って
答えてください】

　　1) Vous voyez Kaori et Tomoko aujourd'hui? (oui / 5 heures)

　　2) Tes parents regardent les nouvelles à la télé? (oui / pendant le dîner)

　　3) Jacques a étudié le russe? (oui / pendant 6 ans`)

　　4) Il va faire ses devoirs après le déjeuner? (non / demain)

　　5) Vous avez visité ce musée? (oui / 2 fois)

　　6) Tu ne comprends pas l'anglais? (si / un peu)

　　7) Vous avez votre billet s'il vous plaît. (non / oublier à la maison)

　　8) Elle voit souvent ses parents? (oui / le dimanche)

　　9) Tu n'as pas pu faire les courses? (non / maintenant)

　　10) Elle a présenté son ami à ses parents? (non / à ses frères et sœurs seulement)

exercice 3 : Complétez avec le pronom qui convient.
　　　　　　　　【下線部に適当な代名詞を入れてください】

　　Pierre arrive demain matin. ＿＿＿＿ vais ＿＿＿＿ chercher à l'aéroport, ＿＿＿＿

mangeons et puis ＿＿＿＿ allons au cinéma. Le soir, il ＿＿＿＿ invite au restaurant et

il ＿＿＿＿ emmène à l'Opéra. Je suis contente!

　　Après-demain, ＿＿＿＿ fais des courses avec ＿＿＿＿ et ＿＿＿＿ attendons Paul

et Marie devant la fontaine Saint-Michel, ＿＿＿＿ dînons avec ＿＿＿＿ et ils ＿＿＿＿

accompagnent à la gare. ＿＿＿＿ rentrons chez ＿＿＿＿.

　　Jeudi après-midi, ＿＿＿＿ accompagne Pierre à l'aéroport et ＿＿＿＿ rentre chez

＿＿＿＿.

exercice 4 : Ecrivez une phrase au passé composé avec les éléments donnés.
　　　　　　　　【例にならって，複合過去形の文を作ってください】

　　　　exemple: continuer / carrefour → *Il a continué jusqu'au carrefour.*

　　1) voir / une heure

　　2) faire / 2 heures / 3 heures 10

　　3) oublier / hier

　　4) pouvoir / dimanche

　　5) trouver / en janvier

　　6) étudier / avant-hier / 10 heures / 11 heures

　　7) lire / 7 heures cinq

　　8) emmener / ?

exercice 5 : Regardez l'agenda de Mme Leblanc et dites ce qu'elle va faire et ce qu'elle a fait. 【下の表を見ながら，Mme Leblanc の 4 日間を過去と未来で述べてください】

1) On est le 11 novembre. Qu'est-ce qu'elle va faire cette semaine?

2) On est le 16 novembre. Qu'est-ce qu'elle a fait cette semaine?

LUNDI NOVEMBRE 12	MARDI NOVEMBRE 13	MERCREDI NOVEMBRE 14	JEUDI NOVEMBRE 15
S. Christian	S. Brice	S. Sidoine	S. Albert
8 ——	8 ——	8 ——	8 ——
9 —— bibliothèque	9 ——	9 —— garder les	9:05← train
10	10 —— piscine	10 enfants	10 ——
11 ——	11	11 Lebrun	11:07← arrivée à
12 —— 12:30← déjeuner avec Luc	12 ——	12	12 —— Lyon
13	13 13:30← voir M. Roy à l'hôpital	13 13:15← dentiste	13 déjeuner chez Bocuse
14 courses	14	14 ——	14
15	15 ——	15 voir l'expo	15 visite de
16	16 —— cinéma	16 Renoir avec Léa	16 la ville
17 —— emmener le 17:30← chien chez le	17	17 ——	17
18 vétérinaire.	18 ——	18 ——	18 18:30← rendez-vous
19 ——	19 19:30← dîner chez les Rémy.	19 ——	19 avec Jeanne au café Léo
20 ——	20	20 réunion	20
21 concert de Barbara.	21	21 d'Amnesty International	21 dîner avec elle

exercice 6 : Répondez aux questions en regardant les informations de la page suivante. 【次ページの広告を見ながら，下の問に答えてください】

1) Est-ce qu'il y a des restaurants asiatiques?

2) Palais de Krishnaa, c'est quel genre de restaurant?

3) Qu'est-ce qu'on mange aux Ministères?

4) A combien est le menu au Bistrot du 7ème?

5) Y a-t-il des films français?

6) Qu'est-ce qu'il y a comme films d'aventures?

7) «Le fabuleux destin d'Amélie Poulain», c'est quel genre de film?

A vous :

8) Vous voulez dîner et écouter de la musique. Où allez-vous?

9) Où voulez-vous dîner ce soir?

10) Quels films avez-vous vus?

11) Quel film voulez-vous voir ce soir?

AV aventure

SPIDER-MAN. 2002 américain en couleurs de Sam Raimi avec Tobey Maguire, Willem Dafoe, Kirsten Dunst, James Franco. ◆**UGC George V 53** v.o. ◆**Gaumont Parnasse 85** v.f. ◆**Gaumont Aquaboulevard 91 bis** v.f. ◆**Pathé Wepler 105** v.f.

CO comédies

LE GOUT DES AUTRES. 1999 française en couleurs d'Agnès Jaoui avec Jean-Pierre Bacri, Alain Chabat, Anne Alvaro, Gérard Lanvin, Agnès Jaoui. ◆**La Pagode 42**

LE FABULEUX DESTIN D'AMELIE POULAIN. 2000 française en couleurs de Jean-Pierre Jeunet avec Audrey Tautou, Mathieu Kassovitz, Rufus, Claire Maurier, Isabelle Nanty, Dominique Pinon, Serge Merlin, Jamel Debbouze, Yolande Moreau. ◆**Studio Galande 21** ◆**Denfert 82** ◆**Le Grand Pavois 94** ◆**Saint Lambert 96**

OCEAN'S ELEVEN. 2001 américaine en couleurs de Steven Soderbergh avec George Clooney, Matt Damon, Brad Pitt, Andy Garcia, Julia Roberts, Don Cheadle. ◆**Le Grand Pavois 94** v.o. ◆**Saint Lambert 96** v.o.

DA dessins animés

LE VOYAGE DE CHIHIRO. 2000 japonais en couleurs de Hayao Miyazaki ◆**Images d'ailleurs 19** v.o. ◆**Cinéalternative 71 bis** v.o. ◆**Le Champo 16** v.f. ◆**Quartier Latin 19 ter** v.f. ◆**L'Archipel Paris Ciné 67** v.f. ◆**Saint Lambert 96** v.f.

METROPOLIS. 2002 japonais en couleurs de Rintaro ◆**Images d'ailleurs 19** v.o. ◆**L'Entrepôt 83** v.o. ◆**Cinoche 27** v.f. ◆**Le Grand Pavois 94** v.f.

PRINCESSE MONONOKE. 1997 japonais en couleurs de Hayao Miyazaki ◆**Le Grand Pavois 94** v.o.

MON VOISIN TOTORO. 1988 japonais en couleurs de Hayao Miyazaki ◆**Le Studio des Cinéastes - Les Ursulines 22** v.o. ◆**L'Arlequin 25** v.o. ◆**Le Cinéma des Cinéastes 99** v.o. ◆**MK2 Parnasse 33** v.f. ◆**Elysées Lincoln 46** v.f. ◆**L'Archipel Paris Ciné 67** v.f. ◆**L'Entrepôt 83** v.f.

PO policiers

TOTAL KHEOPS. 2002 français en couleurs de Alain Bévérini avec Richard Bohringer, Marie Trintignant, Robin Renucci, Daniel Duval. ◆**L'Entrepôt 83**

CD comédies dramatiques

CHAOS. 2001 française en couleurs de Coline Serreau avec Catherine Frot, Vincent Lindon, Rachida Brakni, Line Renaud, Aurélien Wiik. ◆**Le Grand Pavois 94**

SF science-fiction

STAR WARS EPISODE II : L'ATTAQUE DES CLONES. 2002 américain en couleurs de George Lucas avec Ewan Mac Gregor, Natalie Portman, Hayden Christensen, Samuel L. Jackson, Christopher Lee. ◆**Le Grand Pavois 94** v.f.

leçon 12
Souvenirs d'enfance 🔊

Eric: Anne, viens voir! J'ai retrouvé mes photos de classe dans une malle!

Anne: J'arrive.

Eric: Tu vois, ici, c'est moi. J'avais dix ans.

Anne: Tu étais mignon!

Eric: Et là, c'est mon copain Gérard. Je t'ai déjà parlé de lui?

Anne: Non, jamais.

Eric: Il habitait à côté de chez moi. On faisait souvent des farces ensemble. Une fois, on a mis une énorme grenouille dans le cartable de l'instituteur! Ha! Ha! Sa tête!! Il était furieux! Il a puni toute la classe.

Anne: Tu le vois toujours?

Eric: Non, il habite à Bordeaux maintenant. Ses parents ont déménagé il y a environ dix ans, quand nous étions au lycée.

I. imparfait 半過去形

語尾の変化：すべての動詞に共通

	単数	複数	［語尾の発音］
1人称	je regard**ais**	nous regard**ions**	[jɔ̃]
2人称	tu regard**ais**	vous regard**iez**	[je]
3人称	il elle regard**ait**	ils elles regard**aient**	[ɛ]

語幹：現在形の nous の形から -ons をとる (nous **regard**ons → **regard-**)

　　　例外は être (→ **ét-**) だけ ⇒ 下の活用表を参照

　　　☞ manger → je **mange**ais, nous **mang**ions, vous **mang**iez

être の活用

	単数	複数
1人称	j' étais	nous étions
2人称	tu étais	vous étiez
3人称	il elle était	ils elles étaient

avoir の活用

	単数	複数
1人称	j' avais	nous avions
2人称	tu avais	vous aviez
3人称	il elle avait	ils elles avaient

Philippe habitait à Paris quand il a rencontré sa femme.

Quand les Leblanc habitaient en Normandie, ils ont visité deux fois le Mont-
　　　Saint-Michel.

Il faisait très beau hier, alors on a déjeuné dans le jardin.

　　　☞Il a fait beau hier, mais aujourd'hui il pleut.

Autrefois, il n'y avait pas d'usines et la mer était propre. On pouvait prendre
　　　beaucoup de poissons et de coquillages.

II. expression du sentiment 感情の表現

je suis	en colère	content(e)	triste
	furieux(se)	heureux(se)	désolé(e)
	surpris(e)	ravi(e)	navré(e)
	étonné(e)	enchanté(e)	

III. pronoms personnels COI 人称代名詞・間接目的補語

	単数	複数
1人称	me(m')	nous
2人称	te(t')	vous
3人称	lui	leur

人称代名詞・間接目的補語の位置：直接目的補語と同じ。
直接目的補語との違うのは 3 人称だけ。ここでは男性／
女性の区別がない。

Je **t'**offre un verre.

Tu **me** donnes une cigarette?

Il **nous** a écrit hier.

Vous allez **leur** téléphoner?

Je ne **lui** ai pas parlé.

exercice 1 : Mettez les verbes à l'imparfait.
　　　　　【カッコ内の動詞を半過去形にしてください】

1) Quand je (être) étudiant, je (sortir) souvent : je (aller) au cinéma, au concert, je (voir) des amis... Maintenant je n'ai plus le temps.

2) Quand nous (travailler) dans cette banque, nous (manger) dans ce restaurant.

3) — Qu'est-ce que vous (faire) quand vous (vivre) à Rome?
   — Je (passer) mon temps à la terrasse des cafés.

4) Je (vouloir) prendre l'avion mais il (ne plus y avoir) de places.

5) L'homme de Cro-Magnon (habiter) dans des grottes. Il (vivre) de la chasse et de la cueillette.

exercice 2 : Mettez les verbes au temps du passé qui convient.
　　　　　【カッコ内の動詞を適当な過去形にしてください】

1) Notre avion (ne pas partir) parce qu'il (y avoir) du brouillard.

2) Je (lui offrir) des fleurs hier. Elle (être) très contente.

3) Il (faire) chaud hier, alors on (aller) à la piscine.

4) Le peuple (faire) la révolution parce qu'il (avoir) faim.

5) Quand il (être) étudiant, il (aller) 3 fois en Inde.

6) — Qu'est-ce que tu (faire) hier?
   — Je (lire) un peu.

7) Nous (prendre) le café quand nos amis (arriver)

8) L'année dernière je (être) malade alors je (ne pas pouvoir) travailler.

exercice 3 : Complétez les phrases avec les énoncés du cadre ci-dessous.

【囲みの文を使って，文章を完成させてください】

1) Quand j'étais étudiante, _____

2) Quand Patrice m'a téléphoné, _____

3) Comme il faisait chaud, _____

4) Quand j'étais en voyage, _____

5) Comme il faisait beau, _____

6) Comme je n'avais pas de devoirs, _____

7) Quand j'ai rencontré Julien, _____

> j'ai pris une bière.
> il écrivait un roman.
> je suis allé au cinéma.
> j'étais encore au lit.
> je suis allée à la piscine avec mon petit ami.
> j'ai écrit beaucoup de cartes postales.
> j'ai participé à un jeu télévisé.

exercice 4 : Mettez les verbes entre parenthèses à l'imparfait ou au passé composé.

【カッコ内の動詞を半過去形あるいは複合過去形にしてください】

Hier, Pierre et moi, nous (devoir) aller à Madrid. Nous (partir) à 8
heures pour arriver 2 heures avant le départ.

A 10 heures, nous (être) dans l'avion, et (attendre) le départ. Il y (avoir)
une annonce : «A cause du brouillard, le décollage est retardé.»

Nous (attendre) pendant une demi-heure, et finalement l'avion (ne pas pouvoir)
partir. Alors nous (décider) de prendre le train. Nous (prendre) un taxi
mais comme il (y avoir) des embouteillages terribles, nous (mettre) 3 heures
pour aller à la gare. Quand nous (arriver), il (être) trop tard pour le train de
Madrid. C'est pourquoi nous (tristement rentrer) chez nous.

exercice 5 : Complétez.　【カッコ内に適当な人称代名詞を入れてください】

1) Je (　　　) téléphone demain, d'accord?

2) Mlle Machin! On (　　　) a donné le dossier 35?

3) Ma grand-mère (　　　) a donné 30 euros pour mon anniversaire.

4) M. Dubois est là? Je voudrais (　　　) parler.

5) — Maman! Jacques et moi on voudrait aller au cinéma. Tu (　　　) donnes
　　de l'argent?

　　— Non. Vous (　　　) demandez toujours de l'argent. Ça suffit.

6) Si tu sors, tu peux (　　　) acheter des cigarettes?

7) On va dîner chez les Martin ce soir. Qu'est-ce qu'on (　　　) apporte?

8) — Tu as écrit à tes parents?

　　— Oui, je (　　　) ai écrit hier.

exercice 6 : Répondez aux questions suivantes en utilisant le pronom complément
　　　　　　　qui convient.　【適当な目的語代名詞を使って答えてください】

exemple: Tu rencontres souvent Paul? (non / de temps en temps)
　　　　　→ *Non, je le rencontre de temps en temps.*

1) Tu as acheté une voiture à Jean-Paul? (non / une bicyclette)

2) Tu nous as téléphoné à quelle heure? (8 heures)

3) Elle me donne cette cassette? (non / ce livre)

4) Vous avez vu Paul et Geneviève mardi dernier? (non / décembre)

5) Tu as envoyé des roses à ta fiancée? (non / des tulipes)

6) Combien vend-il son appartement? (100 000 euros)

7) Qu'est-ce que tu demandes à tes parents pour Noël? (argent)

8) Ils vont faire leurs devoirs maintenant? (non / cet après-midi)

exercice 7 : «Depuis» ou «il y a»?

1) Les Gaulois vivaient (　　　　　　) environ 3 000 ans.

2) — (　　　　　　) quand fais-tu du tennis?

　　— J'ai commencé (　　　　　　) 2 semaines.

3) Il y a des embouteillages (　　　　　　) ce matin.

4) Ils n'habitent plus ici. Ils ont déménagé (　　　　　　) 10 jours.

5) Quel temps! Il neige (　　　　　　) 3 jours.

6) (　　　　　　) 2 ans, elle était secrétaire, mais maintenant elle ne travaille
　　plus.

7) J'ai visité l'Europe du Sud (　　　　　　) 12 ans.

8) Il va dans ce café (　　　　　　) 6 mois et là, il a rencontré Corinne (　　　　　　)
　　15 jours.

exercice 8 : mots-croisés

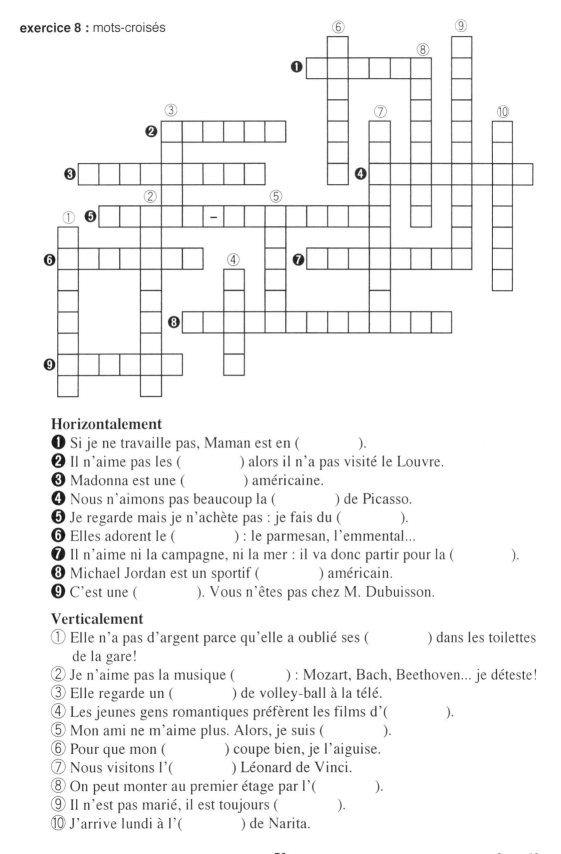

Horizontalement

❶ Si je ne travaille pas, Maman est en (   ).

❷ Il n'aime pas les (   ) alors il n'a pas visité le Louvre.

❸ Madonna est une (   ) américaine.

❹ Nous n'aimons pas beaucoup la (   ) de Picasso.

❺ Je regarde mais je n'achète pas : je fais du (   ).

❻ Elles adorent le (   ) : le parmesan, l'emmental...

❼ Il n'aime ni la campagne, ni la mer : il va donc partir pour la (   ).

❽ Michael Jordan est un sportif (   ) américain.

❾ C'est une (   ). Vous n'êtes pas chez M. Dubuisson.

Verticalement

① Elle n'a pas d'argent parce qu'elle a oublié ses (   ) dans les toilettes de la gare!

② Je n'aime pas la musique (   ) : Mozart, Bach, Beethoven... je déteste!

③ Elle regarde un (   ) de volley-ball à la télé.

④ Les jeunes gens romantiques préfèrent les films d'(   ).

⑤ Mon ami ne m'aime plus. Alors, je suis (   ).

⑥ Pour que mon (   ) coupe bien, je l'aiguise.

⑦ Nous visitons l'(   ) Léonard de Vinci.

⑧ On peut monter au premier étage par l'(   ).

⑨ Il n'est pas marié, il est toujours (   ).

⑩ J'arrive lundi à l'(   ) de Narita.

leçon 12

transcriptions des exercices

leçon 2 : exercice 10

— Qu'est-ce qu'il fait Pierre? Il est journaliste?

— Non, il n'est pas journaliste, il est médecin.

— Ah bon! Auguste aussi est médecin.

— Il est de quelle nationalité Auguste?

— Il est belge.

— Et Madame Colonna, elle est de quelle nationalité?

— Elle est italienne.

leçon 4 : exercice 4

— Barbara, qu'est-ce que tu aimes?

— J'aime bien le cinéma.

— Tu aimes les films français?

— Oui, mais je préfère les films allemands.

— Et toi Louise?

— Moi, j'aime le sport : j'aime le tennis et le basket.

— Et toi Gilles, qu'est-ce que tu aimes?

— J'aime la musique : la musique classique, le rock, le jazz...

— Qu'est-ce que tu préfères?

— Le rock. Et toi, Marcel?

— J'aime bien le rock moi aussi, mais je préfère l'opéra.

leçon 4 : exercice 7

— Marie, qu'est-ce que tu prends?

— Moi, je prends une bière : j'ai soif.

— Et toi, Bernadette?

— Moi, j'ai faim : un sandwich au jambon et une pizza.

— Et Louis, tu prends une bière?

— Non, je prends un café : j'ai sommeil. Et toi, Julien?

— Moi, j'ai chaud alors je prends un coca et une glace.

leçon 6 : exercice 7

Monsieur Dubois est employé de banque. Il est français. Il a 36 ans. Il est marié depuis 10 ans. Sa femme s'appelle Carmen. Elle est espagnole. Elle a 36 ans aussi. Elle est professeur. Ils habitent à Lyon. Ils ont 2 garçons et une fille. Les garçons ont 9 et 7 ans et ils vont à l'école, la fille a 2 ans.

leçon 7 : exercice 7

Voici Elodie, une amie. Elle est petite et brune. Elle est très gentille. Elle a un petit ami. Il s'appelle Luc. Il est grand et gros. Il est sympathique. Là, c'est Clémentine, une collègue. C'est une jeune fille, grande et blonde. Elle est mince mais elle n'est pas jolie. Le fiancé de Clémentine s'appelle Jules. Il est jeune et beau. Mais il n'est pas très sympathique.

leçon 7 : exercice 8

Cher Osamu,

Je suis à Sévrier dans les Alpes. Mon hôtel est à côté du lac d'Annecy. C'est un petit village. Au milieu, il y a une vieille église. Devant cette église, il y a une place. Et derrière, une école. En face de l'église, sur la place, il y a une statue. C'est joli. A bientôt.

Sylvie

leçon 8 : exercice 3

Les Lapointe habitent à Marseille. M. Lapointe, le père, est employé. Mme Lapointe ne travaille pas. Ils ont un fils. Il s'appelle Antoine. Il est étudiant. Mme Blanc, la mère de Mme Lapointe, habite avec eux. Ils ont aussi un chat. Il s'appelle Félix.

Aujourd'hui, c'est dimanche. M. Lapointe et sa femme regardent la télévision. Mme Blanc est dans la cuisine, parce qu'elle n'aime pas la télé. Antoine va au cinéma pour voir «Dragon Ball Z», un dessin animé japonais.

leçon 9 : exercice 7

Françoise: Salut Georges!

Georges: Bonjour Françoise! Vous partez où en vacances?

Françoise: Je ne sais pas encore. Mon mari veut aller à la mer, les enfants à la montagne, et moi, je préfère aller chez mes parents à la campagne. Et toi?

Georges: Je vais aller à Biarritz pour faire du surf.

Françoise: Chantal vient avec toi?

Georges: Non, elle n'aime pas la mer. Elle va rester à la maison et après, on va aller ensemble en Espagne.

leçon 10 : exercice 6

Mme Laurent est toujours très occupée. Lundi, elle est allée à la bibliothèque et puis elle a déjeuné au restaurant avec une amie. Mardi, elle a lu à la maison et elle a fait des courses avec sa fille. Elles ont acheté des vêtements. Mercredi, elle a fait le ménage. Ensuite, elle a téléphoné à sa mère et elle est allée à la poste. Jeudi et vendredi, elle est allée travailler à l'université. Vendredi soir, elle est allée au café avec ses étudiants. Samedi, elle a regardé un film à la télé et elle a dîné chez ses parents. Dimanche, elle a dormi toute la matinée et le soir, elle est allée écouter un concert avec son mari.

transcriptions

INDEX

・〜 は見出し語にかわります。
・( ) 内の数字は初出の課を示します。
・セピアの ( ) は女性形を示します。
・セピアの「男」「女」「複」はそれぞれ，男
　性名詞，女性名詞，複数形を示します。
・[ ] 内の語は過去分詞です。
・本書での使われ方にそって訳を載せています。

ballon　男　(8)　ボール

banane　女　(5)　バナナ

bande dessinée　女　(4)　漫画

banque　女　(1)　銀行

bar　男　(3)　バー

bar-tabac　男　(7)　たばこ屋兼バー

base-ball　男　(4)　野球

basket　男　(4)　バスケット

beau / bel (belle) (複 beaux / belles)　(7)
　　きれいな；　il fait ～　(9)　天気がよい

beaucoup　(4)　とても，たくさん；　～ de
　　＋名詞　(5)　たくさんの

belge　(2)　ベルギー（人）の

Belgique　女　(9)　ベルギー

beurre　男　(5)　バター

bibliothèque　女　(3)　図書館

bicyclette　女　(12)　自転車

bien　(1)　よく，上手に

bientôt　(7)　まもなく

bière　女　(4)　ビール

billet　男　(8)　切符

blanc(che)　(7)　白い

bleu(e)　(7)　青い

blond(e)　(7)　金髪の

boire [bu]　(5)　飲む
　　je bois　　nous buvons
　　tu bois　　vous buvez
　　il boit　　ils boivent

boîte　女　(5)　箱

bon　(3)　じゃあ，わかった（間投詞）

bon(ne)　(5)　おいしい，良い

bonjour　男　(1)　おはよう，こんにちは

bonsoir　男　(1)　こんばんは

boucherie　女　(7)　肉屋（店）

boulanger　男　(10)　パン屋（人）

boulangerie　女　(7)　パン屋（店）

boulevard　男　(2)　大通り

bouteille　女　(5)　びん

Brésil　男　(9)　ブラジル

bricolage　男　(4)　日曜大工

brique　女　(5)　（牛乳などの）紙パック

britannique　(2)　英国（人）の

brouillard　男　(9)　霧

brun(e)　(7)　茶色の髪をした

bureau (複 ～x)　男　(2)　事務所，会社

[C]

ça　(1)　それ

cadeau (複 ～x)　男　(10)　プレゼント

café　男　(1)　喫茶店，コーヒー

cafétéria　女　(3)　カフェテリア

cahier　男　(8)　ノート

calme　男　(8)　平静さ，落ちつき

camembert　男　(5)　カマンベールチーズ

campagne　女　(8)　田舎

Canada　男　(9)　カナダ

canadien(ne)　(2)　カナダ（人）の

carotte　女　(5)　人参

carrefour　男　(11)　四つ辻，交差点

cartable　男　(12)　カバン

carte　女　(8)　絵はがき，カード

cassette　女　(5)　カセット

ce　(1)　これ，それ（指示代名詞）

ce / cet (cette) (複 ces)　(7)　あの，その，
　　この（指示形容詞）

célèbre　(7)　有名な

célibataire　(2)　独身の

cent　(4)　100 （の）

chambre　女　(8)　寝室，部屋

champignon　男　(5)　きのこ

chance　女　(10)　幸運

chanteur(euse)　(2)　歌手

chasse　女　(12)　狩り

chat　男　(8)　猫

chaud(e)　(4)　暑い，熱い

chaussée　女　(8)　車道

chemin　男　(12)　道

cher(ère)　(7)　愛する，親愛なる

chercher　(7)　探す；　(9)　aller ～　迎え
　　に行く

chez　(3)　…の家に，のところに

chien　男　(7)　犬

chinois(e)　(2)　中国（人）の

chocolat　男　(6)　チョコレート

choisir [choisi]　(2)　選ぶ

chose　女　(5)　もの，こと

chouette　(10)　すてきな，いかす

ci　⇒　comme ci, comme ça

cigarette　女　(12)　たばこ

cimetière　男　(7)　墓地

cinéma　男　(1)　映画館

cinq　(1)　5 （の）

cinquante　(3)　50 （の）

cinquième　(7)　5番目の

classe　女　(12)　クラス，学級

classique　(4)　古典の，クラシックの

clé / clef　女　(8)　鍵

client(e)　(5)　客，顧客
cloche　女　(3)　鐘
coca(-cola)　男　(4)　コカコーラ
colère　女　(12)　en ～　怒った
collègue　(1)　同僚
combien　(4)　いくら，いくつ；　(5)　～
　　de + 名詞　いくつの
comme　(5)　…として；　(11)　…のように；
　　(1)　～ ci ～ ça　まあまあだ
commencer　(12)　始める
comment　(1)　どのように
commerçant(e)　(5)　商人
compréhension　女　(12)　理解
comprendre [compris]　(9)　わかる，理解する
concert　男　(10)　コンサート
conférence　女　(10)　講演
confortable　(8)　居心地の良い
connaître [connu]　(11)　知っている
　　je connais　　nous connaissons
　　tu connais　　vous connaissez
　　il connaît　　ils connaissent
content(e)　(11)　うれしい
continuer　(11)　先まで行く
contrôleur(euse)　(8)　車掌
copain(ine)　(1)　仲間，友達
coquillage　男　(12)　貝
coréen(ne)　(2)　朝鮮／韓国（人）の
côté　男　(7)　à ～ de　…の隣に，横に
côte　女　(5)　（骨つき）背肉
cours　男　(10)　授業
couleur　女　(11)　色
course　女　(6)　faire des ～　買い物をする
cousin(e)　(8)　いとこ
couteau (複 ～x)　男　(11)　ナイフ
crayon　男　(8)　鉛筆
crédit　男　(8) carte de ～　クレジットカード
croire [cru]　(11)　信じる，思う
croissant　男　(5)　クロワッサン
cueillette　女　(12)　木ノ実などをとること
cuisine　女　(7)　料理；　(8)　台所
cuisinier(ère)　(2)　料理人

[D]

dangereux(euse)　(7)　危ない
dans　(5)　…の中に
de　(1)　…の，…から
de　(5)　～ la / l'　部分冠詞
début　男　(11)　初め，出だし

décembre　男　(12)　12月
décider　(12)　決める
déjà　(12)　すでに
déjeuner　(10)　昼食をとる
déjeuner　男　(11)　昼食
demain　(9)　明日
demander　(9)　尋ねる；　(12)　求める
déménager　(12)　引っ越しする
demi　男　(4)　大コップの生ビール
demi(e)　(10)　半分の
dentiste　(2)　歯科医
départ　男　(12)　出発
depuis　(6)　…以来，…前から
dernier(ère)　(7)　この前の，最新の
derrière　(7)　…の後ろに
des　(1)　いくつかの（不定冠詞複数）
désirer　(5)　望む
désolé(e)　(12)　非常に悲しい
dessert　男　(12)　デザート
dessin　男　(8)　絵；　～ animé　アニメ
détester　(4)　嫌う
deux　(1)　2（の）
deuxième　(7)　2番目の
devant　(7)　…の前に
devenir [devenu]　(11)　…になる
devoir [dû]　(9)　～ + 不定法　…しなければ
　　ならない
　　je dois　　nous devons
　　tu dois　　vous devez
　　il doit　　ils doivent
devoirs　男複　(8)　宿題
dialogue　男　(3)　会話，対話
dictionnaire　男　(5)　辞書
difficile　(6)　難しい
dimanche　男　(6)　日曜日
dîner　(9)　夕食をとる
dîner　男　(11)　夕食
directeur(trice)　(8)　（組織の）長
disque　男　(4)　レコード
dix　(1)　10（の）
dixième　(7)　10番目の
documentaire　男　(11)　記録映画
donner　(12)　与える，贈る
dormir [dormi]　(10)　眠る
dossier　男　(12)　ファイル，書類
douzaine　女　(5)　ダース
douze　(2)　12（の）
droite　女　(7)　右側，右手
du　(3)　de + le；　(5)　部分冠詞

[E]

eau　女　(5)　水
école　女　(1)　学校
écouter　(3)　聞く
écrire [écrit]　(2)　書く
église　女　(7)　教会
eh　(6)　ねえ，さあ（間投詞）；　〜 bien　ところで，それで
elle, elles　⇒　je
embouteillage　男　(12)　交通渋滞
émission　女　(11)　放送番組
emmener　(11)　連れていく
emmental　男　(5)　エメンタールチーズ
emploi　男　(10)　使用，用法；　〜 du temps　日程，時程
employé(e)　(2)　社員；　〜 de bureau　サラリーマン，OL
en　(5)　中性代名詞；　(7)　〜 face de …の向かいに
encore　(9)　まだ
enfance　女　(12)　子ども時代
enfant　(5)　子ども
enchanté(e)　(12)　とてもうれしい
énorme　(12)　巨大な
ensemble　(9)　いっしょに
ensuite　(10)　それから
entendre [entendu]　(10)　聞く
entre　(7)　…の間に（前置詞）
entrée　女　(3)　入り口
entrer　(10)　入る
environ　(12)　約，およそ
erreur　女　(3)　間違い
escalator　男　(7)　エスカレーター
escalier　男　(11)　階段
Espagne　女　(9)　スペイン
espagnol(e)　(2)　スペイン（人）の
est　男　(9)　東
et　(1)　それから，…と…
étage　男　(7)　階
Etats-Unis　男複　(9)　アメリカ合衆国
étonné(e)　(12)　驚いた
étranger　男　(9)　外国
étranger(ère)　(10)　外国人，異邦人
être [été]　(1)　である
現在　　je suis　　nous sommes
　　　　tu es　　　vous êtes
　　　　il est　　　ils sont
半過去　j'étais　　nous étions
　　　　tu étais　vous étiez
　　　　il était　ils étaient
étudiant(e)　(2)　学生
étudier　(6)　学ぶ，勉強する
Europe　女　(12)　ヨーロッパ
eux　⇒　je
excuser　(3)　Excusez-moi.　すみません
exercice　男　(8)　練習（問題）
exposition　女　(6)　展覧会

[F]

face　女　(7)　正面：　en 〜 de　…の向かいに
faim　女　(4)　avoir 〜　お腹が空いている
faire [fait]　(2)　する，作る
現在　　je fais　　nous faisons
　　　　tu fais　　vous faites
　　　　il fait　　ils font
半過去　je faisais　nous faisions
　　　　tu faisais　vous faisiez
　　　　il faisait　ils faisaient
famille　女　(2)　家族
farce　女　(12)　悪ふざけ
farine　女　(5)　小麦粉
fatigué(e)　(5)　疲れた
faux(sse)　(6)　間違った
femme　女　(6)　妻，女性
février　男　(10)　二月
fiancé(e)　(7)　婚約者
fille　女　(6)　女の子，娘
film　男　(11)　映画
fils　男　(8)　息子
finalement　(12)　最後に，結局
finir [fini]　(2)　終える
　　　　je finis　　nous finissons
　　　　tu finis　　vous finissez
　　　　il finit　　ils finissent
fleur　女　(12)　花
fois　女　(11)　回，度
fondue　女　(9)　フォンデュ
fontaine　女　(11)　噴水
football　男　(4)　サッカー
français(e)　(2)　フランス（人）の
France　女　(8)　フランス
franc　男　(4)　フラン
frère　男　(4)　兄，弟
frites　女複　(5)　フライドポテト

froid 男 (4) avoir 〜 寒さを感じる；
　　(9) il fait 〜 （気候が）寒い
fromage 男 (5) チーズ
furieux(euse) (12) 怒り狂った
futur 男 (9) 未来

[G]

garçon 男 (6) 男の子
gare 女 (1) 駅
gâteau（複 〜x）男 (5) ケーキ
gauche 女 (7) 左
Gaulois(e) (12) ガリア人
genre 男 (11) 種類
gentil(le) (6) 親切な
glace 女 (4) アイスクリーム
gomme 女 (5) 消しゴム
gorgonzola 男 (5) イタリアのチーズ
grammaire 女 (9) 文法
gramme 男 (5) グラム
grand(e) (7) 大きい，背が高い
grenouille 女 (12) 蛙
gris(e) (7) 灰色の
gros(se) (7) 太った，大きな
grotte 女 (12) 洞窟
gruyère 男 (5) グリュイエールチーズ
guide 男 (7) ガイドブック
gymnastique 女 (9) 体操

[H,I]

habiter [habité] (2) 住む
現在　j'habite　　nous habitons
　　　tu habites　　vous habitez
　　　il habite　　 ils habitent
半過去 j'habitais　 nous habitions
　　　tu habitais　 vous habitiez
　　　il habitait　 ils habitaient
heure 女 (10) 時，時間
heureux(euse) (12) 幸せな
hier (10) 昨日
histoire 女 (10) 歴史
homme 男 (7) 男性，人
hôpital（複 -aux）男 (4) 病院
horreur 女 (11) 恐怖
hôtel 男 (1) ホテル
huile 女 (5) 油
huit (1) 8（の）
huitième (7) 8番目の

ici (3) ここ
il, ils ⇒ je
il y a (7) …がある，…がいる
immeuble 男 (7) 建物，ビル
Inde 女 (9) インド
indiquer (12) （指し）示す
infinitif 男 (9) 不定法
ingénieur 男 (2) 技師，技術者
instant 男 (3) 瞬間
instituteur(trice) (12) （小学校の）教師
intention 女 (11) 意志： avoir l' 〜 de
　　…するつもりだ
inviter (11) 招待する，招く
Irak / Iraq 男 (9) イラク
Iran 男 (9) イラン
Italie 女 (9) イタリア
italien(ne) (2) イタリア（人）の

[J,K]

jamais (12) 二度と（…ない）
jambon 男 (4) ハム
janvier 男 (10) 一月
Japon 男 (4) 日本
japonais(e) (2) 日本（人）の
jardin 男 (8) 庭
jardiner (6) 庭仕事，園芸をする
jaune (7) 黄色い
jazz 男 (4) ジャズ
je 人称代名詞

主語	直接目的	間接目的	自立形
je (j')	me (m')		moi
tu	te (t')		toi
il	le (l')	lui	lui
elle	la (l')		elle
nous	nous		nous
vous	vous		vous
ils	les	leur	eux
elles			elles

jeu 男 (2) ゲーム
jeudi 男 (11) 木曜日
jeune (7) 若い
joli(e) (7) きれいな

jour　男　(10)　日

journaliste　(2)　ジャーナリスト

journée　女　(10)　一日，昼間

juillet　男　(10)　7月

juin　男　(10)　6月

jus　男　(4)　ジュース

jusqu'à　(10)　…まで

kilo　男　(5)　キロ（グラム）

kleenex　男　(8)　ティシュー

[L]

la　(3)　定冠詞

là　(7)　そこ，あそこ，ここ

là-bas　(7)　あそこに

lac　男　(7)　湖

lait　男　(4)　（牛）乳

laitue　女　(5)　レタス

laver　(9)　洗う

le　(2)　定冠詞

lèche-vitrines　男 (6) ウインドーショッピング

lecture　女　(4)　読書

lentement　(11)　ゆっくり

les　(3)　定冠詞

leur　⇒　je, mon

leurs　⇒　mon

librairie　女　(7)　本屋，書店

libre　(11)　ひまな，自由な

limonade　女　(4)　レモネード，ソーダ水

lire [lu]　(9)　読む
　　je lis　　　nous lisons
　　tu lis　　　vous lisez
　　il lit　　　ils lisent

lit　男　(12)　ベッド

litre　男　(5)　リットル

livre　男　(5)　本

lui　⇒　je

lundi　男　(6)　月曜日

lycée　男　(12)　リセ，高校

[M]

M.　⇒　monsieur

ma　⇒　mon

madame　女　(1)　…さん（既婚女性に対す
　　る敬称）

mademoiselle　女　(1)　…さん（未婚女性
　　に対する敬称）

magasin　男　(5)　店　grand ～　百貨店

magazine　男　(10)　雑誌

mai　男　(10)　5月

maintenant　(6)　今

mairie　女　(10)　市役所，村（町）役場

mais　(3)　しかし

maison　女　(1)　家

mal　(1)　悪く

malade　(6)　病気の

malle　女　(12)　（大型）トランク

maman　女　(5)　ママ

manger　(5)　食べる

marche　女　(4)　歩行，競歩

mardi　男　(6)　火曜日

mari　男　(8)　夫

marié(e)　(2)　既婚の

Maroc　男　(9)　モロッコ

mars　男　(10)　3月

match　男　(6)　試合

matin　男　(10)　朝

matinée　女　(10)　午前中

mauvais(e)　(7)　悪い

me　⇒　je

médecin　男　(2)　医者

ménage　男　（特に掃除などの）家事；
　　faire le ～　掃除をする

mer　女　(9)　海

merci　男　(1)　有り難う

mercredi　男　(6)　水曜日

mère　女　(8)　母

mes　⇒　mon

messieurs　(5)　monsieur の複数形

métro　男　(6)　地下鉄

mettre [mis]　(12)　（時間が）かかる；　置く
　　je mets　nous mettons
　　tu mets　vous mettez
　　il met　　ils mettent

midi　男　(10)　正午

mignon(ne)　(12)　かわいい

milieu　男　(7)　真ん中；　au ～ de　…の
　　真ん中に

mille　(4)　千（の）

mince　(7)　細い，痩せた

minéral(e)　(5)　鉱物の；　eau ～e　ミネ
　　ラル・ウォーター

minuit　男　(10)　真夜中

minute　女　(12)　分

Mlle　⇒　mademoiselle

Mme　⇒　madame

moi ⇒ je

moins (10) …前； quatre heures moins le quart 4時15分前

mois 男 (9) 月，一ヶ月

moment 男 (11) （短い）時間

mon 所有形容詞

単 数			複 数
男 性	女 性		
	母音で始まる名詞	子音で始まる名詞	
mon		ma	mes
ton		ta	tes
son		sa	ses
notre			nos
votre			vos
leur			leurs

monsieur 男 (1) …さん（男性に対する敬称）

mont 男 (12) 山

montagne 女 (9) 山

monter (11) 上る

montre 女 (11) 腕時計，懐中時計

morceau (複 ～x) 男 (5) 一つ，一切れ

mouchoir 男 (8) ハンカチ

mourir [mort] (10) 死ぬ

musée 男 (7) 美術館，博物館

musicien(ne) (2) 音楽家，ミュージシャン

musique 女 (4) 音楽

[N]

nager (9) 泳ぐ

naître [né] (10) 生まれる

natation 女 (4) 水泳

national(e) (8) 国立の

nationalité 女 (2) 国籍

navré(e) (12) 非常に悲しい

ne (2) ～ … pas …ない

neiger (9) 雪が降る

neuf (1) 9（の）

neuvième (7) 9番目の

Noël 男 (10) クリスマス

noir(e) (7) 黒い

nom 男 (2) 名字

non (2) いいえ

nord 男 (9) 北

nos ⇒ mon

notre ⇒ mon

nous ⇒ je

nouveau / -vel (-velle) (複 nouveaux / nouvelles) (5) 新しい

nouvelle 女 (11) ニュース

novembre 男 (10) 11月

nuage 男 (9) 雲

nuit 女 (10) 夜

[O,P]

occupé(e) (8) 忙しい

octobre 男 (10) 10月

œuf 男 (5) 卵

offrir [offert] (12) 贈る

on (2) 私たち，人々（不定代名詞）

oncle 男 (8) 叔父

onze (2) 11（の）

opéra 男 (4) オペラ，オペラ座

orange 女 (4) オレンジ

orangina 男 (4) オランジナ（オレンジ果汁入り飲料）

ou (4) または

où (2) どこに（疑問詞）

oublier (8) 忘れる

ouest 男 (9) 西

oui (2) はい

pack 男 (5) （瓶などの）カートン

pain 男 (5) パン

papa 男 (3) パパ

paquet 男 (5) 包み，箱

par (12) …につき

parapluie 男 (8) 傘

parc 男 (7) 公園

parce que (4) なぜなら，…なので

parent 男 (4) 親

parler (9) 話す

parmesan 男 (5) パルメザンチーズ

participer (12) 参加する

partir [parti] (9) 出発する

    je pars   nous partons

    tu pars   vous partez

    il part   ils partent

pas (1) ne ... ～ …ない

pastèque 女 (5) スイカ

Pays-Bas 男複 (9) オランダ

peinture 女 (4) 絵，絵画

pendant （9）　…の間
père　男　（8）　父
petit(e)　（7）　小さい
peu　（5）　un 〜　少し
peuple　男　（12）　民衆
pharmacie　女　（7）　薬局
Philippines　女複　（9）　フィリピン
photo　女　（6）　写真
phrase　女　（3）　文章
piano　男　（6）　ピアノ
piscine　女　（4）　プール
pizza　女　（4）　ピザ
place　女　（7）　広場；　（12）　席
plaire [plu]　（3）　s'il vous / te plaît　お願い
　　します，どうぞ
plan　男　（7）　地図
planche　女　（9）　板：　〜 à voile　ウイン
　　ド・サーフィン
pleuvoir [plu]　（9）　雨が降る
plus　（5）　たす，プラス
plus　（5）　ne ... 〜　もう…ない
poire　女　（5）　梨
poisson　男　（5）　魚；　〜 d'avril　（11）
　　エイプリルフール
policier(ère)　（11）　警察の，推理ものの
pomme　女　（5）　りんご
pont　男　（7）　橋
porc　男　（5）　豚（肉）
porte-monnaie　男　（8）　小銭入れ
portefeuille　男　（8）　札入れ
poser　（6）　〜 une question　質問する
poste　女　（1）　郵便局
poulet　男　（5）　ひな鶏（の肉）
pour　（4）　…のために，…にとって；　〜 +
　　不定法　…するために
pourquoi　（4）　なぜ
pouvoir [pu]　（8）　〜 + 不定法　…できる
　　je peux　　nous pouvons
　　tu peux　　vous pouvez
　　il peut　　ils peuvent
préférer　（4）　より好む，一番好きだ
premier(ère)　（4）　最初の，1番目の
prendre [pris]　（4）　取る，食べる，飲む，
　　（車，電車などに）乗る
　　je prends　　nous prenons
　　tu prends　　vous prenez
　　il prend　　ils prennent
prénom　男　（2）　ファーストネーム
près　（7）　〜 de ...　…の近くに

présentateur(trice)　（2）　（テレビ，ラジオ
　　の）司会者
présenter　（11）　紹介する
prêt(e)　（2）　用意のできた
prier　（3）　願う　je vous en prie　どういた
　　しまして
prochain(e)　（9）　この次の
proche　（9）　近い
prof　（9）　= professeur
professeur　男　（2）　（中学，高校，大学の）
　　教師
profession　女　（2）　職業
professionnel(le)　（2）　職業的な，プロの
propre　（12）　きれいな，清潔な
publier　（11）　出版する
puis　（5）　それから
punir [puni]　（12）　罰する

[Q,R]

quand　（11）　…とき
quarante　（3）　40 （の）
quart　男　（10）　4分の1，15分
quatorze　（2）　14 （の）
quatre　（1）　4 （の）
quatrième　（7）　4番目の
que　（1）　何を（疑問代名詞）；　qu'est-ce
　　que　何を
quel(le)　（6）　どんな，どの
quelque(s)　（12）　いくつかの（不定形容詞）
question　女　（6）　質問
qui　（4）　だれ（疑問代名詞）
quinze　（2）　15 （の）
quoi　（5）　何（que の自立形）
radio　女　（3）　ラジオ
rangée　女　（7）　列
rapé(e)　（5）　fromage 〜　おろしチーズ
ravi(e)　（12）　大喜びの
rayon　男　（7）　（百貨店の）売場
recopier　（3）　書き移す
regarder　（2）　見る
rencontrer　（10）　会う，出会う
rentrer　（4）　帰る
répéter　（3）　繰り返す
réponse　女　（6）　答，返事
restaurant　男　（1）　レストラン
rester　（9）　とどまる
retourner　（10）　戻る
retrouver　（12）　再び見いだす

réveillonner (10) （クリスマスなどの夜中に）祝いの食事をする

revenir [revenu] (10) 帰って来る

revoir 男 (1) 再び会うこと； au ～ さようなら

révolution 女 (12) 革命

rez-de-chaussée 男 (8) 1階

rien (6) ne... ～ 何も…ない

riz 男 (5) 米

rock 男 (4) ロック

roman 男 (11) 小説

roquefort 男 (5) ロックフォールチーズ

rouge (7) 赤い

route 女 (7) 道路

rue 女 (2) 通り

russe 男 (11) ロシア語

[S]

sa ⇒ mon

sac 男 (8) バッグ，袋

salade 女 (5) サラダ

salon 男 (8) 客間

salut 男 (1) やあ，じゃあね

samedi 男 (6) 土曜日

sandwich 男 (4) サンドウィッチ

sardine 女 (5) いわし

saucisse 女 (5) ソーセージ

saumon 男 (5) 鮭

savoir [su] (9) 知る

    je sais   nous savons

    tu sais   vous savez

    il sait   ils savent

secrétaire (2) 秘書

seize (2) 16（の）

semaine 女 (6) 週

sentiment 男 (12) 感情

sept (1) 7（の）

septembre 男 (10) 九月

septième (7) 7番目の

ses ⇒ mon

seul(e) (6) 一人で，一人の

seulement (11) ただ

si (8) いいえ（否定疑問に対する肯定の答）(9) もし…なら

situation 女 (2) 状況

six (1) 6（の）

sixième (7) 6番目の

Slovénie 女 (9) スロベニア

sœur 女 (3) 姉，妹

soif 女 (4) （喉の）渇き： avoir ～ 喉が渇いた

soir 男 (9) 夕方

soixante (3) 60（の）

sole meunière 女 (5) 舌平目のムニエル

soleil 男 (9) 太陽，日光

sommeil 男 (4) avoir ～ 眠い

son ⇒ mon

sortir [sorti] (6) でる，外出する

sous (7) …の下に

souvenir 男 (12) 思い出

souvent (4) たびたび

spaghettis 男複 (5) スパゲッティ

sport 男 (4) スポーツ

sportif(ve) (2) スポーツマン； (7) スポーツ好きの，スポーティーな

station 女 (7) （地下鉄の）駅

statue 女 (7) 彫像

stylo 男 (8) 万年筆

sud 男 (9) 南，南方

suffire [suffi] (12) 足りる： Ça suffit! いい加減にしなさい

suisse (2) スイス（人）の

suite 女 (3) 続き tout de suite すぐに

supermarché 男 (1) スーパーマーケット

sur (3) …の上に

sûr (8) 確かに： bien ～ もちろん

surf 男 (9) サーフィン

surpris(e) (12) 驚いた

sympathique (7) 感じの良い

symphonie 女 (5) 交響曲

Syrie 女 (9) シリア

[T]

ta ⇒ mon

table 女 (8) テーブル，食卓

tante 女 (8) 叔母

tard (12) 遅く

tarte 女 (4) タルト

taxi 男 (6) タクシー

te ⇒ je

télé = télévision 女 (4) テレビ

téléphone 男 (3) 電話

téléphoner (3) 電話する

télévisé(e) (2) テレビで放映された

temps 男 (9) 時間，天候； (12) de ～ en ～ ときどき

tennis　男　(4)　テニス

terrasse　女　(12)　テラス

terrible　(12)　恐ろしい，ひどい

tes　⇒　mon

tête　女　(12)　頭，顔

TGV (train à grande vitesse)　男　(11)　フランス新幹線

thé　男　(4)　茶

théâtre　男　(3)　劇場

tiens　(4)　おや，あれっ（間投詞）

tiroir　男　(11)　引き出し

toi　⇒　je

toilettes　女複　(3)　トイレ

tomate　女　(4)　トマト

tomber　(10)　倒れる，転ぶ

ton　⇒　mon

toujours　(6)　あいかわらず，いつも

touristique　(7)　観光の

tout(e)　(複 tous, toutes)　(3)　すべて（の）

train　男　(8)　列車

tranche　女　(5)　（薄切りの）一切れ

travail　男　(6)　仕事

traverser　(7)　を横断する

travailler　(2)　働く

treize　(2)　13（の）

trente　(3)　30（の）

très　(1)　とても，大変

triste　(12)　悲しい

tristement　(12)　みじめに，哀れにも

trois　(1)　3（の）

troisième　(7)　3番目の

trop　(12)　あまりにも…だ，…すぎる

trouver　(8)　見つける

(se) trouver　(8)　いる，ある

tu　⇒　je

tuer　(11)　殺す

[U,V]

un(e)　(1)　1，一つの（数詞）；不定冠詞

université　女　(1)　大学

usine　女　(6)　工場

vacances　女複　(8)　休暇

valise　女　(8)　旅行カバン，スーツケース

variétés　女複　(11)　バラエティー

vase　男　(8)　花瓶

vendre [vendu]　(12)　売る

vendeur(euse)　(7)　店員

vendredi　男　(6)　金曜日

venir [venu]　来る
　je viens　　nous venons
　tu viens　　vous venez
　il vient　　ils viennent

vent　男　(9)　風

verre　男　(12)　グラス，コップ

vert(e)　(7)　緑の

vœu (複 ～x)　男　(10) carte de ～x　年賀状

viande　女　(5)　肉

vidéo　女　(10)　ビデオ

vieux / vieil (vieille) (複 vieux / vieilles)　(7)　古い

village　男　(7)　村

ville　女　(7)　街

vin　男　(5)　ワイン

vingt　(2)　20（の）

vitrine　女　(6)　ショー・ウインドー

vivre [vécu]　(12)　生活する

voici　(1)　こちらが…です（人を紹介するときに使う），ここに…がある

voilà　(4)　はい，どうぞ

voile　女　(9)　帆；　planche à ～　ウインド・サーフィン

voir [vu]　(6)　見る
　je vois　　nous voyons
　tu vois　　vous voyez
　il voit　　ils voient

voisin(e)　(1)　隣人

voiture　女　(6)　自動車

vos　⇒　mon

votre　⇒　mon

vouloir [voulu]　(5)　欲しい；　(9)　～＋不定法　…したい
　je veux　　nous voulons
　tu veux　　vous voulez
　il veut　　ils veulent

vous　⇒　je

voyage　男　(3)　旅行

vrai(e)　(6)　正しい，本当の

[W,Y,Z]

wagon-restaurant (複 ～s-～s)　男　(8)　食堂車

week-end　男　(9)　週末

western　男　(11)　西部劇

y　(2)　On ～ va?　始めましょうか？；　(7)　il ～ a ...　…がある

yaourt　男　(5)　ヨーグルト

zéro　(1)　ゼロ（の）

表紙・挿絵：Jihel

写真協力：毎日新聞社情報サービスセンター
読売ニュース写真センター
サンテレフォト

ミニ・ドゥ・コンセール　（ユーロ版）

定価（本体2700円＋税）
検印省略
© 2003年4月1日　初版発行
2018年3月31日　第八刷発行
2024年3月1日　改訂初版発行

大阪日仏センター＝アリアンス・フランセーズ
著　者　藤平シルヴィ
ラマール・ジャン
宮崎ゆり
長島律子
横山理

発行者　原　雅久
発行所　株式会社　朝日出版社
101-0065　東京都千代田区西神田3－3－5
電話（03）3239-0271・72
振替口座　00140-2-46008
http://www.asahipress.com

乱丁，落丁本はお取り替えいたします
ISBN978-4-255-35367-8　C1085